신사임당

15 키워드 한국문화

신사임당

화가로 살고 어머니로 기억된 여인

이숙인 지음

문학동네

차례

머리말

사임당의 생애

신사임당은 1504년연산 10 강릉에서 태어나 1551년명종 6 48세를 일기로 서울 삼청동에서 세상을 떠났다. 역사에 흔적도 없이 사라져간 전통시대 대부분의 여성과 달리 신사임당은 생몰년이 정확히 전해진다. 그녀는 이름보다 '태임太任을 스승으로 삼다'는 뜻을 담은 당호 사임당師任堂으로 더 알려져 있다. 태임은 중국 고대 문왕文王의 어머니로, 동아시아 유교 문화권에서 성모聖母로 불리던 여성이다. 당시 조선 사회에서 어머니라는 존재는 어떤 의미였으며 어머니로서 여성이 차지하는 위상은 어느 정도였을까. 곧이어 소개하는 두 가지 사건을 통해 이에 대한 답을 유추해볼 수 있다.

사임당이 태어난 갑자년은 당시 국왕이던 연산군이 폐비된 어머니 윤씨의 명예회복을 위해 대대적인 복수극을 벌인 해다. 그로 인해 많은 선비가 귀양을 가거나 죽임을 당한 갑자사화가 일어났다. 또 사임당이 세상을 떠난 신해년에는 불교를 옹호하는 문정왕후와 그에 반대하는 대신들 간의 갈등이 첨예했는데, 왕후는 단식으로 맞섰다. 이때 신하들은 명종이 늘 어머니 편에 서는 통에 모든 일이 왕후의 주장대로 흘러간다고 불만을 터뜨렸다. 두 사건은 '어머니'라는 존재가 조선의 정치문화에서 어떤 의미를 가졌는가를 보여주는 대표적인 사례다.

사임당은 아버지 신명화申命和, 1476~1522와 어머니 용인 이씨의 다섯 딸 중 둘째로 태어났다. 처녀 시절의 사임당은 조용한 성격에 집중력이 강했고, 다방면에서 두각을 나타냈다. 유년기에는 경전을 익히고 문장을 지었으며, 붓을 들어 그림을 그리거나 글씨 쓰는 일을 좋아했다. 또 바느질을 잘했을 뿐 아니라 자수 실력도 뛰어났다. 결혼하여 대가족을 이끄는 주부가 되어서는 온화한 태도로 시비를 분명히 했으며, 생각은 정결하고 말과 행동은 신중했다. 일에 임해서는 찬찬하고 꼼꼼했으며, 책임감이 강하고 매우 겸손했다. 이것은 아들 율곡이 듣고 본 어머니의 평소 모습이다.

사임당은 열아홉 살 나던 1522년에 이원수李元秀, 1501~1561와 결혼한다. 이즈음 조선에는 명나라에서 처녀들을 뽑아갈 것이라는 흉흉한 소문이 돌았다. 게다가 명나라 황실의 후궁감이 아니라 익살스러운 남자와 짝을 맞춰 음란한 짓을 시켜놓고 즐기기 위해서 처녀들을 데려간다는 소문까지 나돌았다. 이에 딸 가진 집들이 기겁하며 다투어 혼인을 치르려 하는 바람에 혼인 행렬이 길을 메울 정도였다. 『중종실록』 1521년 1월 22일자 내용을 보면 당시 사윗감을 찾는다고 해놓고 제일 먼저 온 사람에게 시집보내거나 강보에 싸인 어린아이까지 유모가 안고 장가들이는 바람에 장안에는 남아 있는 처녀 총각이 없었다고 한다. 사임당의 혼인은 이러한 소동이 지나간 직후에 이루어졌다.

사임당의 부모는 딸을 결혼시킨 뒤에도 시댁으로 보내지 않고 곁에 두고 싫어했다. 그런데 딸의 혼인식을 치른 바로 그해 아버지 신명화가 서울 본가에서 세상을 떴다. 부친의 상 때문인지 사임당은 혼인 후 2년을 강릉 친정에 머물다가 1524년에 시어머니 홍씨를 뵈러 서울로 올라왔다. 그리고 1년 후 첫아들을 얻는데, 혼인한 지 3년 만이었다. 그후 다시 강릉으로 내려갔다가 1541년에 서울로 돌아와 정착했다. 강릉에 살던 15여 년 동안 딸 셋과 아들 둘을 더 낳았고, 서울로 돌아온 후에 막내 이우李瑀가 태어났다. 사임당은 출산과 양육기 대부분을 강릉에서 보냈는데, 부군 이원수를 따라 봉평에서 살기도 했다. 강원도 평창군 봉평면에는 봉산서재蓬山書齋 등 사임당 부부가 살았던 흔적이 남아 있다.

서울에서는 현재의 청진동과 수송동 근처인 수진방壽進坊에 정착했다. 수진방에는 친정어머니가 사임당의 셋째아들 이이李珥에게 봉사조로 상속해 준 집이 있었는데, 이 집이 그 집인지는 알 수가 없다. 아무튼 수진방에서 10년 정도 살다가 1551년에 삼청동으로 이사했다. 삼청동의 집은 율곡이 우거寓居라고 한 것으로 보아 셋집이었던 듯하다.

사임당의 남편 이원수는 내내 하는 일 없이 지내다가 1550년 여름, 쉰의 나이에 음서蔭敍로 수운판관水運判官이 되었다. 음서란 조상의 공功으로 관직에 특별 채용되는 것을 말한다. 그런데 이원수의 음서직이 구체적으로 조상의 어떤 업적에 따른 것인지는 밝혀진 바가 없다. 이원수가 받은 수운판관은 조운漕運을 총괄하는 종5품직으로, 곡물을 실어나르는 한강 수운을 담당하는 일이었다. 삼청동으로 이사한 것은 남편이 벼슬에 나간 다음해인 1551년

봄이었다. 그해 여름, 남편 이원수는 장남 이선李璿과 삼남 이이를 데리고 관서 지역으로 출장을 떠났다.

세 부자가 먼 곳으로 출장을 가자 사임당은 포구의 주점으로 편지를 보냈는데, 글에 눈물이 묻어 있었지만 아무도 그 뜻을 알지 못했다. 조운의 일을 다 마친 남편 이원수와 두 아들은 배를 돌려 서울로 향했는데, 그들이 도착하기도 전에 사임당은 병이 났다. 2, 3일 병상에 있다가 여러 자식에게 일어나지 못할 것 같다는 말을 남기고, 1551년 5월 17일 새벽에 세상을 떠났다. 사임당이 세상을 떠나던 그날, 비로소 이원수 일행은 서강西江에 도착했다. 그런데 짐 보따리 안에 넣어두었던 놋그릇이 모두 붉게 변해 있어 괴이하게 여겼다. 그리고 잠시 후 사임당의 별세 소식이 전해졌다. 신사임당은 경기도 파주에 안장되었고, 10년이 지난 1561년에 남편 이원수가 그녀의 묘 곁에 안장되었다.

신사임당은 4남 3녀를 두었는데, 율곡은 사임당의 다섯째 자식이다. 율곡의 벼슬이 종1품 숭정대부 의정부 우찬성에 이르자, 사임당은 그 어머니로서 정1품 정경부인에 추증되었다. 송시열은 "선생이 귀하게 됨으로써 그 어머니 신씨는 정경부인에 추증되었다"[1]고 했다. 그리고 아들 율곡이 서인의 종주宗主로 추대되면서 그녀는 부덕의 상징이자 현모양처의 전범으로 자리 잡아갔다.

신사임당을 거론할 때면 항상 따라오는 곳이 바로 강릉이다. 강릉을 빼놓고는 사임당을 이야기하는 것이 불가능할 정도다. 사임당에게 강릉은 태어나 자란 곳이자 자녀들을 낳아 기른 곳이다. 그런데 강릉은 사임당의 친가가 아닌 외가 마을이었다. 서울 사람인 아버지 신명화가 강릉으로 장가온 것인데, 여기서 딸 다섯을 낳아 길렀다. 신명화는 거처를 서울 본가에 두고 일이 생길 때마다 강릉으로 내려와 머물곤 했다. 그리고 신명화가 마지막으로 눈을 감은 곳도 서울 본가였다.

처음에 서울 남자 신명화는 강릉 여자 용인 이씨와 결혼해 서울 본가에서 신접살림을 시작했다. 그런데 무남독녀이던 이씨는 어머니 최씨가 병들자 강릉으로 돌아왔다. 그리고 얼마 뒤 신명화가 데리러 왔으나, 이씨는 아픈 어머니를 두고 갈 수 없다며 남편에게 중요한 제안을 한다. "당신은 서울로 가시고 저는 시골에 머물면서 각각 노친을 모시는 게 어떻겠습니까?" 부인의 뜻을 존중한 신명화가 흔쾌히 동의해 그들은 각자의 부모를 돌보며 떨어져 살았다.[2] 요컨대 사임당의 친정 강릉은 친가가 아니라 외가가 있던 곳이었다.

사임당의 외가라면 친정어머니 용인 이씨의 세거지일 것이다. 그런데 사임당의 외조부이자 용인 이씨의 부친인 이사온李思溫 역시 처가가 있는 강릉으로 장가온 사람이다. 즉 사임당의 외조부 이사온은 강릉의 명문사족 최응현의 딸과 혼인하면서 강릉으로 들어온 것이다. 한마디로 사임당의 외조부 이사온이나 친정아버지 신명화, 남편 이원수는 모두 강릉의 사위들이다. 그들은 아내 쪽에 터를 잡고 자녀들을 낳아 길렀다는 공통점이 있었다. 사임당의 남편과 아버지, 그리고 외조부가 모두 혼인 후 처변妻邊에 거주지를 정한 것은 조선 전기 혼속의 일반적인 행태에 부합하는 것이기도 하다.

세상에 태어난 모든 사람은 일정 기간 머물다가 떠난다. 그런데 그 모든 사람의 흔적이 기록으로 남고 역사에 기억되는 것은 아니다. 대부분은 떠남과 동시에 잊히거나 가족 사이에서 소소하게 기억되는 정도에 불과하다. 극히 일부만이 긴 세월에 걸쳐 기억되고 재생되는데, 여기에는 조건이 있다. 우선 나라를 구하거나 인류를 움직였다는 등의 기억될 만한 재료가 있어야 하고, 그 재료를 가공할 강력한 기제가 작동해야 한다. 재료와 가공이 반드시 인과관계를 맺는 것은 아니지만, 사실에 입각한 재료는 필수 요소다.

그런 점에서 사임당은 확실한 재료를 가지고 있다. 16세기의 이름난 화가이자 훌륭한 아들을 둔 어머니라는 두 가지 재료이다. 사임당 시대에는 여성이 화가로서 명성을 얻기가 쉽지 않았기에 충분히 매력적인 재료라 할 수 있다. 그런데 신화라면 모를까, 누구의 어머니라는 사실이 역사에서 어떻게 그 생명력을 지속해왔을까.

우리나라 여성의 역사에서 신사임당이라는 존재는 늘 그 시대를 담아내는 그릇이었다. 오로지 화가로 호명되던 때가 있었는가 하면, 율곡의 어머니로 강조되던 때도 있었다. 유교적 부덕을 실천한 여성이었다가, 현모양처의 표상이 되었으며, 민족중흥의 어머니가 되기도 했다. 이렇게 사임당은 시대의 마디마디에서 역사의 현장으로 소환되며 각 시대의 '완벽한' 여성상으로 거듭났다.

근대 이전 사회에서 신사임당이 어떻게 기억되고 재생되어왔는지, 16세기부터 19세기까지 4세기에 걸친 역사를 더듬고자 한다. 조선 사회에서 사임당 이야기는 이미지로 펼쳐진 근대 이후와는 달리 구체적 자료를 통해 전개된다. 다시 말해 각 그림 작품을 품평하는 가운데 사임당을 재구성하는 방식이다. 나는 이 재구성에 참여한 40여 명의 인물이 어떻게 사임당을 분석하고 해석했는지 들여다보려 한다. 누가, 무엇을 위해, 어떻게 사임당을 이야기하는가. 당시 인사들이 쓴 품평 글을 통해 사임당의 그림을 보고, 그들이 사임당을 앞세워 성취하려 했던 시대적 욕망을 읽으려는 것이다. 그녀를 기억하고 재구성해온 역사에는 그 시대의 정치, 문화, 예술, 젠더 등의 복합적인 이야기가 담겨 있기 때문이다.

2017년 2월

이숙인

1

화가 신사임당

신사임당은 섬세한 화풍을 지닌 16세기 열정적인 화가였다. 그녀의 수준 높은 작품들은 당대 유명 인사들을 감동시키기에 충분했다. 사임당은 처음엔 산수화를 잘 그린 화가로 세상에 알려졌다. 그녀가 화가라는 사실은 사임당 담론 5세기 역사에서 매우 중요한 자원이 되었다. 특히 근대 이전 4세기의 역사를 보면 사임당과 관련된 거의 모든 이야기가 그녀의 그림을 매개로 전개된다.

신사임당은 섬세한 화풍을 지닌 16세기의 열정적인 화가였다. 그녀의 수준 높은 작품들은 당대 유명 인사들을 감동시키기에 충분했다. 사임당은 처음엔 산수화를 잘 그린 화가로 세상에 알려졌다. 그녀가 화가라는 사실은 사임당 담론 5세기 역사에서 매우 중요한 자원이 되었다. 특히 근대 이전 4세기의 역사를 보면 사임당과 관련된 거의 모든 이야기가 그녀의 그림을 매개로 전개된다. 물론 그 그림들이 사임당의 작품이 맞느냐 아니냐 하는 문제가 있긴 하지만, 이것은 다른 차원에서 규명되어야 할 주제다.

그림 품평 4세기의 역사

16세기에서 19세기까지, 근대 이전 사회에서 사임당이란 인물은 주로 그림 품평을 통해 이야기되었다. 그런 이야기 가운데는 그림 자체의 예술성에 주목한 것도 있지만, 대개 그림을 수단으로 삼아 각자가 하고 싶은 말을 한 것이다. 그림을 매개로 자신의 정치적 의견을 피력하거나 자신의 여성관을 주창하기도 했다.

이미 명성이 난 사임당의 그림에 시대의 주요 인사들은 제題·발跋·서序·후後 등의 형태로 품평 글을 남겼다. 미술관이 없던 시대에 사람들은 어떤 계기로, 어떻게 유명 화가의 그림을 볼 수 있었을까. 그리고 사임당 전칭傳稱, 전하여 일컬음 그림에 품평 글을 썼던 사람들은 어떤 부류이며, 품평을 쓰게 된 동기는 무엇일까. 과연 그림 자체에 감동해서였을까, 아니면 그림은 다른 목적을 이루기 위한 사다리일 뿐이었을까. 이러한 질문들은 사임당 그림 담론 4세기의 역사를 입체적으로 보도록 할 것이다.

사실 당대의 내로라하는 인사들이 쓴 품평 글의 존재는 그 작품을 진품으로 확정짓는 근거로 받아들여지기도 했다. 하지만 발문이 작품의 진위 여부를 결정지을 만큼 필연적 연관이 있는지는 의문스럽다. 발문은 사임당 사후 짧게는 1백 년, 길게는 3백 년이 지난 시점에 나온 것이기 때문이다.

한편 사임당의 전칭 작들은 시대가 흐르면서 다양한 소재의 그림들로 늘어났다. 처음에는 산수도와 포도 그림에 불과했으나 그림 소재는 점차 난초, 초충, 매화 등으로 다양해지고 그 숫자도 폭발적으로 증가했다. 예컨대 사임당의 대표작으로 일컬어지는 초충도는 그녀가 사망하고 150여 년이 지난 18세기 초에 '발견'되었다. 그동안 전혀 언급되지 않던 이 초충도는 지방관으로 간 인사가 그곳에서 입수해 당시 권력가들에게 발문을 부탁함으로써 세상에 공식적으로 등장한다. 여기서 발문을 쓴 이가 영향력 있는 인사일수록 그림은 의심할 바 없는 진품이 되는 것이다. 한번 진품으로 확정되면 인용에 인용이 거듭되면서 영원한 진리가 되는 방식이다. 특히 18세기에 사임당의 그림이 폭발적으로 쏟아진 것은 당시 사임당에게 부여된 정치적 위상과도 관련 있다.

사임당이 어떻게 기억되고 재생되었는가는 19세기 말을 기점으로 차이를 보인다. 근대 이후의 사임당이 근대적인 문제들과 얽히면서 전개되었다면, 근대 이전 4세기는 정치적 당파성이 무엇보다 중요했다. 사임당 담론에 참여한 대부분의 인사들은 특정한 정치적 이해를 가진 집단에 속해 있었던 것이다.

여기서는 사임당의 작품에 대한 논의 보다는 '그림을 둘러싼 담론'을 시대별로 비교하면서 그 차이와 특성을 살피려 한다. 이중에는 그림은 전하지 않고 발문만 전해 오는 경우도 있다. 또 발문이 작품에 첨부되기도 하고 각 인사들의 문집에 실리기도 했다. 요컨대 사임당 그림을 둘러싼 이야기들은 조선 사회에서 여성 예술가의 작품이 사상적으로 어떻게 인식되고 경험되며 이야기되는 지를 보여준다.

산수화가 신씨

사임당의 그림이 세상에 소개된 것은 그녀의 나이 45세 때였다. 그녀의 그림에 처음으로 글을 남긴 사람은 당대에 시문으로 최고의 명성을 누리던 소세양蘇世讓, 1486~1562이다. 실물 확인이 거의 불가능한 5백 년 전의 작품을 대강의 내용이나마 짐작할 수 있는 것은 풍경을 시로 묘사한 소세양 덕분이다. 1548년 소세양은 사임당의 그림에 직접 시를 썼다.

시냇물 굽이굽이 산은 첩첩 둘러 있고
바위 두른 늙은 나무 구부러져 길이 났네
숲에는 아지랑이 자욱하고
돛대는 안개구름에 뵐락 말락 하는구나
해질녘에 도인 하나 나무다리 지나가고
소나무 정자엔 야승들이 한가로이 바둑 두네
꽃다운 그 마음 신과 함께 어울리니
묘한 생각 기이한 자취 따라잡기 어려워라.[3]

사임당이 그린 산수도는 멀리 바다가 보이는 산속 풍경을 담고 있다. 정자가 있고 나무다리도 있는 산은 인기척이 느껴지는 그런 곳이다. 사임당의 산수도에는 도인(仙子)과 야승野僧이 등장해 유학적인 풍경과 사뭇 다른 느낌을 준다. 또 '묘한 생각(妙思)'이나 '기이한 자취(奇蹤)' 등의 표현 역시 유학적 언어와는 다소 거리가 있다. 조선에서는 유학을 정통으로 삼고 도교나 불교를 이단으로 취급했는데, 유학 도입기였던 조선 전기, 사임당 시대에는 그런 면에서 비교적 유연했던 것 같다. 그렇다면 도인과 중이 등장하는 이 그림과 그에 대한 소세양의 표현을, 유학의 재무장을 주도한 이후 유학자들은 어떻게 받아들였을까? 과연 이 그림은 1백여 년 후에 다시 주목받는데, 뒤에 가서 다시 살펴보기로 하자.

또다른 산수도의 존재도 보인다. 이 산수도도 소세양의 글을 통해 알려졌다. 실물을 확인할 수 없는 상황에서 소세양의 풍경 묘사는 마치 그림을 대하는 듯 상세하다.

> 노곤한 봄날이라 먼지 덮인 경대 앞에,
> 졸다가 깨어보니 붉은 햇발 창호를 쏘네
> 한 조각 강산 풍경 눈 아래 펼쳐지고,
> 만 겹 연기 속 나무 가슴속에 피어나네
> 그윽한 산길은 절벽으로 굽어돌고,
> 그물 치는 고깃배는 기슭 따라 돌아가네
> 두어 자 비단 폭에 그려넣은 그윽한 뜻,
> 진정 알겠노라 신묘한 붓 하늘 조화 뺏은 것을.[4]

사임당의 두번째 산수도 역시 산과 바다로 이루어져 있다. 고깃배가 그물질하는 바다, 절벽을 타고 펼쳐진 산이 평화롭게 어우러진 이 그림은 앞의 그림과 분명 다르다.

한편 소세양은 벼슬이 대제학에 이르렀고, 글씨와 시문으로 중국에까지 이름을 날렸던 인물이다. 유명 시인의 시가 붙은 그림은 작품의 가치를 보증

신사임당필 산수도, 국립중앙박물관 소장.

하는 증표가 되었다. 소세양은 황진이가 각별히 사랑한 남자이기도 하다. 그녀의 시 「양곡 소세양과 이별하며奉別蘇陽谷世讓」에 나오는 소판서가 바로 그다.

그 시대 유명한 또 한 사람의 문인 관료 정사룡鄭士龍, 1491~1570은 사임당의 산수도를 감상하고 나서 오언절구의 시를 남겼다. 이 그림 역시 산과 바다를 담고 있다.

어지러이 솟아 있는 산 사이로 선계가 열리고
허물어져가는 누대는 바위 언덕에 기대어 있네
가느다란 좁은 길은 은자隱者의 움막으로 이어지고
파도는 밀려오다 돛배에 부서지네.[5]

이 그림은 앞에서 소세양이 감상한 두 폭의 그림과 분명 다른 풍경을 묘사하고 있다. 대제학을 지낸 정사룡은 16세기를 대표하는 관각문인館閣文人이었다.

이 시기에 사임당은 이미 산수화가로 이름이 나 있었다. 어숙권은 당시의 예술계 동향을 정리한 『패관잡기』에서 사임당을 시대를 대표하는 산수화가로 명명한 것이다. 그는 "근래 그림을 잘 그리는 자가 매우 많지만, 산수화에는 김장金璋과 이원수의 아내 신씨와 학생 안찬安瓚이 있다"[6]고 한다. 그리고 사임당에 대해서는 어려서부터 그림을 공부했으며 포도와 산수 그림이 절묘해 안견安堅 다음가는 화가로 인정받고 있다는 것이다. 이어서 어숙권은

"어찌 부녀자의 그림이라 하여 소홀히 여길 것이며, 어찌 부녀자에게 합당한 일이 아니라고 나무랄 수 있겠는가"[7]라고 덧붙였다.

여기서 궁금한 것은 당시 판서나 대제학 자리에 있던 사람들이 어떻게 양반가 규방 부인의 그림을 손에 넣었는가 하는 것이다. 부인의 그림 위에 직접 시를 적는다는 것은 누군가의 적극적인 요청이 있지 않고는 불가능한 일이기 때문이다. 누가 그런 부탁을 했을까? 여기서 이행李荇이라는 인물에 주목하게 된다. 이행은 이원수의 종숙從叔으로 사임당에게는 시종숙이 된다. 사임당의 남편 이원수는 종숙인 이기李芑와 이행의 집을 자주 드나들었다고 한다. 이기는 윤원형尹元衡과 정치적 입장을 함께해 삼정승 자리를 돌며 권력을 누렸다. 일화 중에 사임당은 남편 이원수가 권세가 이기의 집에 드나드는 것을 못마땅하게 여겼다는 이야기도 있다. 하지만 이행은 그 형과 달리 학문이 조선 전기를 대표할 정도였고, 당대의 내로라하는 석학들과 교류했다.

다시 말해 사임당의 산수화를 평한 소세양과 정사룡은 이행이 아끼던 후배들이었다. 이행은 소세양을 선비 중 최고라 여기고 임금에게 천거해 높은 직임을 맡게 했다.[8] 또한 정사룡이 "고故 좌상左相 용재 선생으로 인해 보잘것없던 내가 이른바 명예도 얻고 문장도 짓게 되었다"[9]고 한 데서 그들의 관계를 짐작할 수 있다. 다시 말해 소세양과 정사룡이 높은 벼슬에 오른 데는 그들의 능력을 알아본 이행의 천거가 결정적이었다고 할 수 있다. 한편 소세양과 정사룡 또한 서로 절친한 사이였다. 세 사람의 인연은 1511년 사가독서賜暇讀書 대상자로 선발되면서 시작되었다. 호당湖堂에 거처하며 학문에 집중할 수 있도록 한 사가독서에는 문장으로 이름을 떨친 다섯 명이 선발되었는데, 이행과 소세양, 정사룡 모두 이에 속했던 것이다.[10]

세 사람이 함께 있는 모습은 이후에도 자주 목격되었다. 이행이 원접사遠接使, 조선시대에 중국 사신을 맞아들이던 벼슬로 갈 때, 정사룡과 소세양이 종사관으로 따라갔다.[11] 이때의 기분을 이행은 "망년忘年의 교분이 있는 이들과 함께 일하니 너무 기쁘다"[12]라고 했다. 어숙권 또한 이들과 돈독한 관계였는데, 1536년에 그는 원영사 소세양을 따라 의주에 머물며 중국 사신들과 함께 시를 논했다. 또한 대제학이던 정사룡의 적극적인 주선에 힘입어 그의 책 『고사촬요攷事撮要』를 간행하게 되었다.

이렇듯 16세기 사임당의 그림에 대한 품평 글은 이행과 특별한 관계에 있던 사람들로부터 나왔음을 알 수 있다. 16세기 문화계를 이끈 이행, 소세양, 정사룡, 어숙권 등은 학문 및 예술적 관심사를 공유하면서 자신들의 방식으로 문화적 권력을 향유했던 것이다. 사임당의 그림도 그들의 관심사 중 하나였는데, 시종숙인 이행이 가교 역할을 한 것이다. 그렇다면 당대 문장가로도 이름났던 이행이 조카며느리의 그림을 보고 가만있었을 리 없다. 이행의 문집 『용재집容齋集』에는 '그림을 보고 짓다題畫'라는 제목의 오언절구 3수가 전하는데, 거기에 묘사된 풍경이 앞서 소개된 사임당의 산수 풍경들과 흡사하다.

인물은 멀어져 터럭처럼 작고

푸른 물결뿐 만 리가 비었어라
여기에서 세계를 보건대
다시금 돛단배 한 척이 있누나.[13]

앞서 소세양은 사임당의 그림을 "한 조각 강산 풍경 눈 아래 펼쳐지고" "그물 치는 고깃배는 기슭 따라 돌아가네"라고 했고, 정사룡은 "파도는 밀려오다 돛배에 부서지네"라고 했다. 이로 볼 때 누구의 그림을 보고 지었는지 밝히지 않은 이행의 시 「그림을 보고 짓다」는 사임당의 산수도를 대상으로 한 것임을 알 수 있다.

사임당이 당대에 이미 산수화가로 이름이 났음을 또다른 자료에서도 확인할 수 있다. 묵재默齋 이문건李文楗은 조카가 역모죄로 걸려들자 연좌로 인해 성주에서 유배 생활을 했다. 특히 초서에 능한 그는 문화계 인사와 왕래가 잦았다. 성주목사이던 노경린盧慶麟과 그의 사위 이이, 그 아버지 이원수 및 형제들과 교류한 것도 그런 맥락에서 이해할 수 있다. 이문건의 『묵재일기』에 신씨가 산수화를 잘 그렸다는 이야기가 나온다. 사임당이 세상을 뜬 지 6년 남짓 지났을 때 이야기다.

저녁에 목사 노인보, 판관 김난종이 함께 보러 와 죽청竹廳에서 대화를 나눴다. 이원수도 왔는데, 이전의 이름은 난수蘭秀로 산수화를 잘 그린 신씨申氏의 남편이다. 신씨는 48세에 요절했다고 한다. 그 아들 이珥는 문장에 능하

다고 한다.[14]

이 기록이 있고 4개월 뒤 이이는 노경린의 딸과 혼인한다. 22세의 이이가 목사의 사위로 장가오는 장면이 이문건의 일기 1557년 4월 29일자에 묘사돼 있다. 여기서 주목할 것은 이원수를 설명하면서 신씨의 남편이라고 한 점과 신씨가 산수화를 잘 그린 화가로 이미 정평이 나 있었다는 점이다.

이이 또한 산수도를 잘 그렸던 것 같다. 일기의 주인공 이문건은 이이에게 종이를 보내며 산수도를 그려달라고 말한다.[15] 두 달쯤 지나 이이가 이문건이 준 종이 네 장에 산수도를 그려서 가지고 왔다. 이날 아우 이우李瑀 등과 함께 온 이이는 음식을 대접받고 놀다가 저녁 무렵이 되어 작별하고 갔다.[16] 이이나 이우 그리고 장녀 매창이 그림에 능했다는 사실에 비추어볼 때 사임당의 자녀들은 어머니 곁에서 자연스럽게 그림 공부를 했던 것 같다.

사임당이 그렸다는 포도 그림이 세상에 소개되었다. 포도 그림은 산수도와 함께 율곡의 「선비행장先妣行狀」에도 언급되었다. 「선비행장」은 1551년 사임당이 세상을 뜨자 아들 율곡이 어머니의 삶을 기리며 쓴 글로, 행장이란 죽은 사람이 평생 살아온 일을 적은 글이다. 정유길鄭惟吉은 「신씨의 포도 그림 병풍에 적는다題申氏葡萄畵屛」라는 시로서 그림의 존재를 알렸다.

규방 안의 동양東陽, 사임당을 가리킴이 빼어나듯,

산림 속의 이역 풍경 진기하도다.

신령이 응축되어 오묘한 조화를 빚어내니

붓이 빼앗아 똑같이 그려내었네.[17]

정유길은 사임당의 그림에 먼저 평을 한 소세양, 정사룡, 어숙권보다 약간 뒤에 활동한 인사다. 시문과 서예에 능했던 그는 서예에서 임당체林塘體라는 독보적인 서체를 탄생시키기도 했다. 정유길은 앞서 사임당의 산수도를 보고 시를 쓴 정사룡의 오촌조카이기도 하다. 그리고 정유길은 스무 살 정도가 적은 이이와 조정에서 함께 벼슬하며 가깝게 지냈다. 그는 이이가 세상을 떠나자 매우 슬퍼하며 왕에게 남은 가족을 도와줄 것을 헌의하기도 했다.[18] 우연인지 필연인지, 17세기에 정유길의 외손자 김상헌金尙憲은 이이를 종주로 하는 서인의 거목으로 활동한다.

16세기 남성 유명 인사들에게 사임당은 화가였다. 당시 사임당의 존재가 아들 율곡의 '권력'과 무관했던 이유도 있지만 소세양, 정사룡, 어숙권, 정유길 등은 여성의 능력을 편견 없이 서술했다는 점에서 돋보이는 남성 사대부들이다. 이들이 활동하던 16세기 조선 전기 사회에서도 유교적 남녀 역할론이 작동되고 있었다. 다시 말해 이들의 시대가 "부인은 마땅히 술 빚고 밥 짓는 일이나 의논할 것이지 시를 읊는 따위의 일은 마땅치 않다"[19]는 말이 돌아다니던 때임을 염두에 둘 필요가 있다.

하늘이 내린 신부인의 붓

세상을 떠난 지 반세기가 지나 17세기에 접어들자, 사임당의 그림은 아들 율곡과 결부되어 서술되기 시작했다. 그림으로 유명 인사들의 찬사를 받았던 16세기와는 상황이 달라진 것이다. 16세에 어머니를 잃고 방황의 시간을 보낸 이이는 29세에 문과에 장원급제함으로써 벼슬의 길을 걷게 된다. 사임당의 아들 이이는 20여 년을 관직에 있으면서 정치 및 학문에 큰 업적을 남기고, 49세의 나이에 온 나라 사람들의 슬픔 속에서 세상을 하직한다. 그리고 그후 문도들의 율곡에 대한 서술이 시작되었다. 그와 함께 사임당이 화가로서가 아니라 율곡의 어머니로 역사에 등장한다.

율곡의 문인 김장생金長生, 1548~1631은 율곡의 전기라 할 수 있는 장문의 행장을 지었다. 율곡이 세상을 떠난 지 13년 후인 1597년에 나온 이 「율곡행장栗谷行狀」은 사임당과 율곡을 연결시킨 최초의 글인 셈이다. 여기서 율곡의 어머니 신씨가 언급되는데, 두세 줄 분량에 그 인품과 덕목을 조명했을 뿐이다. 여기서 사임당이 화가였다는 사실은 사라진다. 「율곡행장」은 율곡 정파와 학파 사람들에게 이익이 되는 방향으로 서술된 것이기에 어머니의 그림 이야기는 중요하지 않았는지도 모른다. 아니, 오히려 화가의 아들이라는 사실이 율곡의 선양에 방해된다고 여겼을 법도 하다.

「율곡행장」이 나온 후 비지碑誌 형태로 율곡의 서술이 이어져, 17세기 전반에 완성된다. 이정구, 이항복, 김집 등이 각각 율곡의 시장諡狀, 비명碑銘,

묘지명墓誌銘을 썼다. 시장이란 재상이나 스승 등에게 시호를 내리도록 임금에게 건의하면서, 살아생전의 일을 적어 올리던 글을 가리킨다. 그런데 이들은 김장생과 달리 한결같이 율곡의 어머니 신씨가 화가였음을 짧게나마 밝히고 있다.

이정구는 사임당을 "고금古今에 두루 통하고 그림을 잘 그리고 글을 잘 지었다"[20]고 표현했다. 이항복은 사임당에 대해 "고금의 글을 다 통했고, 글을 잘 짓고 그림 그리는 일에도 뛰어났다"[21]고 하고, 또 신부인이 "대나무 그림을 잘 그렸다"[22]고 했다. 김집은 사임당을 "고금에 훤하고 서화에 능했다"[23]고 서술했다. 이들은 공통적으로 사임당의 그림 실력을 언급하지만 구체적인 그림을 지정하지는 않고 일반론에 그쳤다.

17세기 후반으로 가면 사임당의 그림에서 주제나 작품명 등이 구체적으로 언급된다. 송시열을 비롯해 이경석, 윤선거가 사임당의 그림에 주목했다. 그림이 구체적으로 언급된 것은 난초 그림이 처음인데, 송시열이 1659년에 쓴 발문을 통해 그 존재가 알려졌다.

이 난초 그림은 사임당이 세상을 뜬 지 1백 년이 훨씬 지난 시점에 처음 나왔다. 그림을 본 송시열은 "그 손끝에서 표현된 것으로도 혼연히 자연을 이루어 사람의 힘을 빌려서 된 것은 아닌 것 같다"고 한다. 그리고 "하물며 오행의 정수를 얻고 천지의 기운을 모아 참 조화를 이루었음에랴! 과연 율곡 선생을 낳으심이 당연하다"[24]고 묘사한다. 송시열은 사임당의 그림에서 천지의 기운이 응축되어 태어난 율곡의 모습을 보고자 한 것이다.

송시열이 사임당의 난초 그림에 발문을 쓰게 된 것은 율곡의 종증손인 이동명의 요청 때문이었다. 이동명은 왜란과 호란을 겪으며 흩어져버린 조상의 서화를 수집하고 보존하는 데 열정을 다했고, 특히 고조모인 사임당의 그림을 찾아내는 것을 평생의 일로 삼았다. 이동명은 사임당의 막내아들이자 율곡의 아우인 이우의 증손인데, 사임당의 서풍을 이어받은 서예가로도 이름이 났다.[25] 송시열은 이동명을 사임당의 현손이라 하지 않고 율곡의 종증손이라 칭하며 굳이 방계로 촌수를 댔다. 사임당의 그림이지만 율곡을 통해서 보겠다는 뜻의 표현이다.

사임당의 난초 그림은 강릉 오죽헌에도 있었던 것 같다. 윤선거는 1664년 강원 지역을 여행하고 남긴 기록에서 "강릉으로 돌아와 사임당 신부인의 난초 그림첩을 청해 감상했다"[26]고 썼다. 그가 강릉에서 감상한 난초 그림이 송시열이 5년 전에 본 그림과 동일한 것인지는 알 수 없다.

17세기 후반에 이르면 예전에 나온 산수도가 다시 주목받는데, 113년 전에 소세양이 시를 써넣은 바로 그 그림이다. 1661년에 이경석은 이 그림에 품평 글을 썼다. 그 역시 율곡의 종증손인 이동명의 부탁으로 글을 짓는다고 한다. 이동명이 난초 그림은 송시열에게 부탁하고, 산수도는 이경석에게 부탁해 발문을 받은 것이다. 사임당의 산수도를 받아본 이경석은 이렇게 썼다.

상고컨대 우리 인간으로 천지의 빼어난 기운을 모아 태어나기로는 남자 여자 구별이 없다. 하나의 이치를 투철히 알면 (다른 것도) 다 알게 되어 마음이 환하며 조화가 그 손에 있게 된다. 이것을 갖추고 나면 붓을 들고 먹을 뿌림에 있어서도 어느 것에나 신묘한 경지에 이르게 되는 것인데, 애초부터 정신을 수고롭게 하고 생각을 허비하지 않아도 자연스럽게 그리 되는 것이다.

삼가 신부인의 산수 그림을 열람해보니 구름과 물이 아득하고 숲에는 연기가 자욱하며 멀리 첩첩한 상봉들과 굽은 물 긴 모래톱이 솟고 둘린 채 감돌고 휘굽어 기이하되 날카롭지는 않아 고요한 맛이 있다. 그리고 암자며 초가며 끊긴 벼랑과 위태로운 다리들이 있는 듯 없는 듯 보일 듯 말 듯한 형상으로 털끝을 가려낼 만큼 섬세하게 묘사되어 있다. 모두 붓 밖의 뜻이 있어 그윽하고 조용하고 단단하고 깊은 맛이 역시 저절로 그 사이에 나타나 있으니 이것이 어찌 배워서 될 수 있는 일이겠는가? 아마도 하늘이 내려 얻은 것이리라. 율곡 선생을 낳으신 것도 역시 하늘의 뜻이요, 천지의 기운이 쌓여 어진 이를 밴 것도 바로 그 이치이니, 어찌 조화가 손안에만 있다 할 것인가? 기이하고도 아름답도다.

남으로서 이것을 얻어 보는 것도 황공할 따름인데, 그 자손 된 자는 이를 보배로 간직하며 오래도록 전하려고 도모하는 것이 당연하지 않겠는가. 퇴휴退休 소공蘇公은 일대의 종장으로서 이미 긴 시를 읊어 길이 전하기에 족하겠지만 나같이 초라한 사람이 어찌 감히 잔말을 붙일 수 있을 것인가. 하지만 간절히 청함을 받고 보니 감히 그 뜻을 저버릴 수도 없었다. 청하는 자가 누구더뇨. 납언納言 이동명이니, 바로 율곡 선생의 종증손이라. 현종 2년

1661 7월, 완산 이경석이 삼가 쓰다.[27]

이 글에서 느껴지는바, 사임당의 산수도를 접한 이경석의 태도는 겸손하면서 세련되었다. 이경석은 사임당의 그림 세계를 하늘이 준 재능이 없다면 도달하기 어려운 신묘한 경지라고 표현했다. 그는 신사임당을 '하늘이 내린' 재능을 타고난 분이라고 한다. 그런데 이경석의 발문을 가만히 보면 그 논조가 2년 전에 나온 송시열의 언어와 유사함을 알 수 있다. 사임당은 하늘에서 내린 재능을 받았는데, 그런 조화는 곧 율곡을 잉태한 것과도 연결된다는 논리가 그렇다. 송시열과 다른 점이라면 이경석은 사임당을 여성이라는 틀에 한정하기보다 하늘로부터 재능을 품수받은 인간이라는 사실로부터 출발한다는 점이다. 하늘이 재능을 내림에 있어서 남녀 구별이 없다는 것은 여성에 대한 당시의 편견을 염두에 둔 것으로 보인다. 어쨌든 이경석은 여성인 사임당의 예술성을 전문적으로 적극 평가했다는 점에서 그림 평이라는 목적에 충실했던 셈이다.

율곡의 권위를 강화하기 위한 목적이 더 강했던 송시열의 난초 그림 발문과 달리 이경석의 발문은 그림을 중심으로 한다. 이경석은 당대 이름난 문장가이자 이조판서 및 영의정을 지낸 인물로, 송시열보다 열두 살 많았다. 게다가 이미 자신의 학문적, 정치적 입지를 굳건히 다진 인물이었던 것이다. 그런 점에서 그는 송시열의 영향권과 무관한 별개의 시각을 가졌던 것이다. 무엇보다 이경석은 사임당을 위대한 한 사람의 예술가로 자리매김시키고,

앞서 발문을 썼던 소세양에 대한 찬사도 잊지 않았다.

소세양과 이경석의 발문이 붙은 신사임당의 이 산수도가 덕수 이씨 종가에서 드디어 세상 밖으로 나왔다. 2009년 11월 언론을 통해 대중에 공개됐는데, 긴 세월의 무게에 짓눌린 듯 일반인의 시력으로는 형체를 알아보기 힘든 상태였다. 2009년 11월 26일 연합뉴스 기사에는 이 산수도가 "먹의 묽기를 통해 원근으로 그려낸 산과 2층 누각, 소나무, 다리를 지나는 스님이 그려져 있는데 당대 학자 이경석이 그림을 극찬한 친필 발문이 있다"고 했다. 또 "소세양이 화폭의 여백에 그림과 관계된 내용을 담은 절구를 시로 표현한 제화시가 비교적 깨끗한 상태로 남아 있어 진품임을 알 수 있다"고 했다.

다시 송시열의 시대로 돌아가보자. 1676년, 송시열은 128년 전에 소세양이 쓴 시와 15년 전 이경석이 쓴 발문이 붙은 산수도와 마주했다. 당시 이경석은 이미 5년 전에 작고한 상태였다. 여기서 송시열은 사임당이 그림을 대하는 자세나 그림을 그리게 된 계기를 서술한다.

> 일찍이 듣건대 부인이 강릉에서 신행 오던 날 참찬공이 손님들에게 부인의 재예를 보이고 싶어 그림 한 장을 그려달라고 청했답니다. 부인은 처음엔 못내 난색을 표하다가 사람을 보내 재촉하니 계집종에게 유기 쟁반을 가져오게 하여 거기에 간략히 조그마한 물건 하나를 그려 바쳤다 하더이다. 아마도 종이나 비단에 그리면 남들이 그것을 가지고 갈까봐 그렇게 한 것일 텐데, 그런 것이 바로 후부인의 뜻과 통하는 것 아니겠습니까. 이 족자는 그림

솜씨가 전문 화가의 규모와 같고 한때 우연히 장난삼아 그린 그림 같지는 않습니다. 즉 당시 어버이의 엄격한 명령으로 억지로 그린 그림치고는 좀 다른 점이 있지 않은가 생각됩니다. 또한 소나무 아래 의관한 사람을 그린 것도 그다지 분명하지 않은데 소공의 시에는 중이라고 했으니 이는 부인에게 마땅치 않은 것입니다.[28]

송시열의 글 제목은 그림 발문이지만 형태는 편지글이고, 내용은 그림 외적인 것들로 채워져 있다. 한편 송시열은 사임당이 그렸다고 하는 그림의 수준이 완전한 전문가 솜씨여서 '마지못해' 그린 여자의 작품 같지 않다고 한다. 송시열의 논리에 의하면, 글이든 그림이든 여자의 것은 가정을 돌보는 가운데 여가로 하는 수준에 머물러야 한다. 그렇지 않으면 여자의 '본래' 임무를 방기한 것이 되기 때문이다. 요컨대 송시열은 사임당이 그렸다는 그림의 수준이 빼어나기에 오히려 이를 율곡 어머니가 그린 것으로 인정하고 싶지 않았던 것이다. 그에게는 사임당이라는 화가의 그림보다는 '율곡 어머니로서의 부덕'이 더 중요했기 때문이다. 그래서 그는 16세기 유명 인사들에게 극찬받았던 사임당의 산수도를 진품이 아니라고 주장한다. 그러면서 그림을 소장한 사임당의 현손 이동명에게는 가짜라 하더라도 조상과 연결된 것이라면 잘 보관하는 것이 예禮라고 한다. 그래서인지 송시열이 '가짜로 판정'한 사임당의 산수도는 이후 더이상 문헌에 등장하지 않는다.

2

그림을 둘러싼 이야기

사임당이 화가였기에 그에 관한 이야기는 그림 작품을 위주로 전개되는 것이 자연스러운 흐름이었다. 따라서 사임당에 관한 이야기가 풍부해지면 풍부해질수록 그녀의 그림도 늘어나게 된다. 사임당이 남기고 간 제한된 작품으로는 늘어나는 수요에 부응할 수가 없기 때문이다.

신사임당의 작품은 갈수록 늘어난다. 사임당 사후 150여 년 이내에 언급된 작품은 산수와 포도, 난초를 소재로 한 그림이었다. 그런데 사후 150여 년이 지난 18세기에 들어 새로운 그림들이 쏟아지듯 나오는데, 그 소재도 풀과 벌레, 꽃과 풀, 물고기, 대나무, 매화 등으로 늘어난다. 이는 율곡의 위상과 함께 사임당의 명성이 높아졌기 때문이다. 여기에 문예 취향을 가진 내로라하는 인사들은 전傳 신사임당의 작품에 뭔가 의미 있는 족적을 남기려고 했다.

그런데 현재 시점에서 볼 때 발문은 있되 실물은 전해지지 않는 경우가 있고, 발문과 실물이 함께 전해오는 경우가 있다. 또 학자 개인의 발문이 그 문집에 포함된 경우도 있고, 작품에는 발문이 남아 있지만 문집에는 들어 있지 않은 경우도 있다. 여기서는 제題·발跋 등의 형태로 된 학자들의 품평 글을 중심으로 사임당의 작품을 살펴볼 것이다.

18세기 이후 새로 나온 사임당의 작품을 정리하면 다음과 같다.

	작품명	발문 작성자	당시 소장자	현재 소장처
①	초충도 7폭	김진규 등 6인	정필동	미확인
②	초충도 8폭	정호	송담서원본	오죽헌·시립박물관
③	초충도 8폭	신경	신경 구입본	국립중앙박물관
④	화초도 8폭	조구명	조의진	미확인
⑤	대나무·오이·수박	권상하	권중려	방일영
⑥	포도도	이병연(발시跋詩)	미확인	삼성미술관 리움
⑦	포도도	유언길(발시)	강릉 사람 모씨	미확인
⑧	대나무·학·꾀꼬리·꽃·나비 4폭	홍양호	홍양호	미확인
⑨	습작 매화도	이언유 등 3인	김성열(노암 김씨)	오죽헌·시립박물관
⑩	매화도 16폭	신석우, 신응조	김응근	이화여자대학교박물관
⑪	난초·매화도 10폭	허회	이보여	미확인
⑫	당시오절 6수	이형규 등 3인	강릉 최씨	오죽헌·시립박물관
⑬	자수 주머니	송환기	이노원	미확인

① 18세기 초에 나와 많은 인사가 찬사를 아끼지 않았던 7폭짜리 초충도는 원래 8폭이었는데, 한 폭이 빠져 7폭이 된 것이다. 이것은 양양부사로 간 정필동鄭必東이 사임당의 친척에게서 얻어온 것이다. 양양은 강릉과 가까워

왕래가 어렵지 않았다. 정필동은 민정중의 문하생으로, 정시 문과에 급제했으며 김창흡과도 가깝게 지낸 노론 계열 인사다.

임기를 마치고 서울로 돌아온 정필동은 사임당의 그림으로 병풍을 만들고자 했다. 이때 빠진 한 폭을 대신하기 위해 당시 가장 영향력 있는 인사들에게 발문을 요청했는데, 6편이 전해진다.

최초의 발문은 1709년에 진경시대를 대표하는 문인화가 김진규金鎭圭가 썼다. 그는 숙종의 원비元妃 인경왕후의 오빠이자 송시열의 문인으로 노론의 중진이었다. 7폭으로 된 초충도를 받아든 김진규는 "살펴보니 채색만을 쓰고 먹으로 그린 것은 아니라 이른바 저 옛날 무골법과 같은 것이다. 벌레, 나비, 꽃, 오이 따위는 모양이 똑같을 뿐만 아니라 빼어난 맑은 기운이 산뜻하여 살아 있는 것과 같다"[29]고 했다. 그는 사임당의 초충도가 저급한 화가들은 도저히 미칠 수 없는 기묘한 경지를 보여준다고 극찬했다.

그로부터 2년이 지난 1711년에 신정하申靖夏도 이 초충도에 장편시를 썼는데, 제목이 '사임당초충도가'다. 이 시를 쓰게 된 계기가 그의 조카 신경申暻의 글에 잘 나타나 있다. 즉 "죽천竹泉 김공과 검재儉齋 김공이 석담모부인 초충도에 발문을 썼는데, 스스로 미진하다고 여겨 그 소장자로 하여금 서암恕菴 선생에게 장편시를 청하게 했다"[30]는 것이다. 그리고 신정하의 장편시는 사임당의 7폭 초충도가 어떻게 구성되어 있는지 짐작하게 해준다.

첫째 폭은 오이넝쿨 언덕 타고 감겼는데 밑에선 개구리가 더위잡고 올라가네

둘째 폭은 참외들이 온 밭에 깔렸는데 단내 맡은 굼벵이가 흙 속에서 나오네

셋째 폭은 수박 위에 찬비 흩날리고 쓰르라미 쓰렁쓰렁 깃을 떨기 시작하네

넷째 폭은 원추리 잎새 빛깔 변하는데 그 밑에 귀뚜라미 울며 쉬지 않는구나

다섯째, 여섯째 폭은 붓 솜씨 더 묘하여 새빨간 저게 바로 맨드라미 아닐런가

일곱째 폭은 붉은 여뀌 다시금 쓸쓸한 채 무거운 꽃 약한 잎새 드리워 한들한들

다시 보매 벌이 있네 그 곁에는 나비로고 꽃에 붙고 잎에 붙고 서로 와서 감도누나

봄바람 그윽하게 붓 아래로 불어들어 찍어놓은 한 점 한 점 하늘 조화 빼앗았구나.[31]

이어서 신정하는 "2백 년을 흘러내려온 지금 먹빛은 바랬지만 정신은 그대로네"라 하고, "정공에게 이르노니 이것 고이 간직해 흔한 그림 대하듯이 하지 마오"라고 한다. 신정하는 신개申槩의 8대손이고, 신개는 사임당의 고조인데, 사임당의 증조와 신정하의 선조가 갈려 신정하는 사임당의 방계 손이 되었다. 김창협金昌協의 문인인 그는 노론의 학맥을 이었다.

송상기宋相琦도 1713년에 발문을 썼다. 그림을 본 그는 벌과 나비 등이 마치 살아 움직이는 것 같아 그림이라고 믿기 어렵다며 사임당의 그림에 얽힌 일화를 소개했다. 사임당의 풀벌레 그림을 한여름에 볕을 쬐어주려고 마당 가운데 내다놓았더니 닭이 쪼아 종이가 뚫렸다는 것이다.[32] 사임당의 풀벌

래 그림이 실제와 너무 똑같아 닭이 와서 쪼았다는 이야기는 현대에도 즐겨 소비되는 사임당 신화 중 하나다. 그런데 이 이야기는 사임당이 별세한 지 160여 년이 지난 뒤에 송상기에게서 처음으로 나온 것이다.

정호鄭澔는 1715년에 정필동이 발문을 부탁하자, 그 청을 차마 거절할 수 없어 응하기는 하지만 여러 인사가 쓴 발문 위에 고루한 자신의 글을 보태는 것은 의미가 없다며, 따로 한 폭을 마련해 글을 지어 올린다고 한다.[33] 송강 정철의 현손인 정호는 1684년 문과에 급제한 후 여러 벼슬을 거쳤는데, 노론과 소론의 당쟁이 격화되는 가운데 그의 정치적 입지도 부침을 거듭했다. 그는 송시열 문하의 뛰어난 학자로 일생을 노론의 선봉으로 활약했고, 글씨와 시문에 뛰어났다.

어유봉魚有鳳도 초충도에 대한 글을 남겼다. 그는 이 그림에 대한 여러 사람의 제발을 칭송하면서, 시골구석에 있던 신부인의 작품이 수백 년이 지나 비로소 세상에 나온 것이라고 한다.[34] 어유봉은 김창협 및 김창흡의 계열을 잇는 노론 계열 인사다.

이 초충도는 숙종 임금에게까지 소개되었다. 숙종은 김주신金柱臣의 집에 있던 사임당의 초충도를 한 벌 모사해 대궐에 놓아두고, 이에 대한 감상을 시로 읊었다. 김주신은 인원왕후의 아버지다. 딸이 1702년숙종 28에 왕비에 책봉되었으니 그림을 소장하던 당시엔 임금의 장인이었다. 숙종은 이 그림을 모사하고 빠진 한 폭을 더 붙여 8폭의 병풍으로 만들어놓고 감상했다.

풀이여 벌레여 모양도 같을시고,
부인이 그려낸 것 어찌 그리 묘하온고.
모사하여 대궐 안에 병풍으로 쳐놓았네,
아까울손 빠진 한 폭 모사하여 붙이도다.
채색만을 쓴 것이라 한결 더 아름다워,
그 법이 뭔가 하니 무골법이 이것이네.[35]

사람들이 남긴 품평 글을 종합해보면, 사임당의 7폭짜리 초충도가 어떤 모습이었을지 짐작할 수 있다. 우선 이 초충도는 먹을 쓰지 않고 채색만 썼다. 또 벌레·나비·꽃·오이 등의 모양이 실제와 꼭 같은데다 기운이 산뜻해 살아 있는 것 같았다. 이 초충도는 사임당 사후 150여 년 되는 시점에 '발견'되어 노론계 중진의 관심과 칭송을 받았다. 그러나 아쉽게도 이 작품의 행방에 대해서는 알 길이 없다. 다시 말해 신정하가 장편시로 묘사한 것과 일치하는 초충도는 현전하지 않는다.

② 8폭을 온전하게 갖춘 이 초충도는 강릉 송담서원에서 소장하고 있었다. 1715년에 정호는 이 그림에 대한 품평 글을 썼다. 정호는 자신이 그림을 볼 줄 모르지만 벌레들이 살아 움직이는 듯하고, 풀포기의 향기가 느껴지는 것이 '하늘의 조화'를 빼앗았다는 말을 실감하겠다고 한다.[36] 송담서원에 사임당의 초충도 8폭이 있었다는 사실에 대해서는 이후 강릉을 방문한 신경도

"오죽헌에는 선생 대부인의 산수도 두 장과 초충도 8첩이 있다"고 기록을 남겼다.[37] 그런데 권상하權尙夏의 문인 채지홍蔡之洪은 1740년에 오죽헌에 들렀을 때 이 그림이 없었다고 한다. 그는 "일찍 송담서원으로 가서 율곡 선생 영정에 숙배했다. 서원에 사임당의 그림 족자가 있다고 했는데, 주인이 갖고 가버려 볼 수가 없어 아쉬웠다"[38]고 했다.

한편, 일부에서는 오죽헌·시립박물관에서 소장한 초충도 8폭이 바로 사임당의 그 작품이라고 보기도 했다. 정호가 지은 발문이 송담서원 관계자의 집에서 고문서로 발견되자, 이 초충도 8폭을 사임당의 진작眞作으로 여기게 된 것이다. 하지만 송담서원에 대한 역사적 기록이나 기대에 못 미친 작품의 완성도로 볼 때 사임당의 작품으로 보기에는 무리가 있다는 견해가 압도적이다.[39] 참고로 송담서원은 18세기와 19세기에 각각 두 차례 화재를 당했으며 서원 철폐의 피해를 입기도 했다. 오늘날의 송담서원은 20세기에 축조된 것이다.

③ 8폭의 이 초충도는 신경1696~1766이 발문을 씀으로써 그 존재가 세상에 드러났는데, 정호가 송담서원에서 본 그 8폭과는 별개의 작품이다. 또 그의 숙부 신정하가 장편시로 표현한 7폭의 초충도와도 다른 것이다. 하지만 소재가 같아서인지 신경은 신정하의 그림 평을 그대로 수용하면서, "숙부의 시어詩語들은 사임당의 그림을 너무나 잘 형용한 것이라 더이상 손댈 게 없으니 다시 내가 무슨 말을 더 보태리오"라고 한다. 이어서 신경은 정필동이

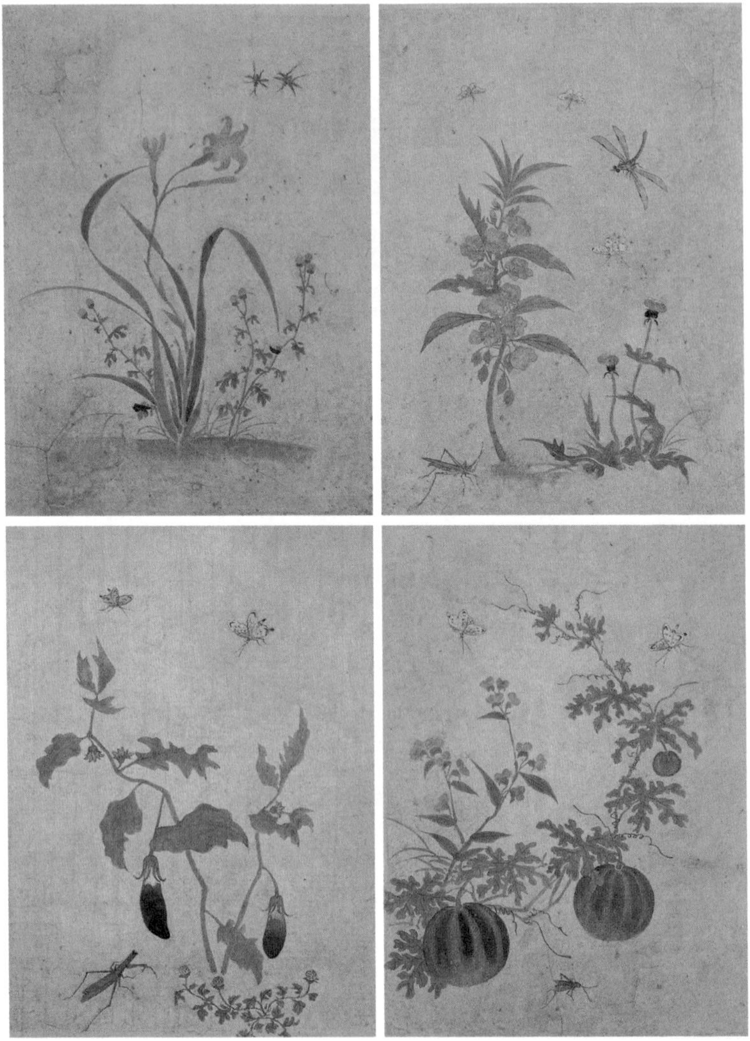

전 신사임당 초충도 8폭, 오죽헌·시립박물관 소장.

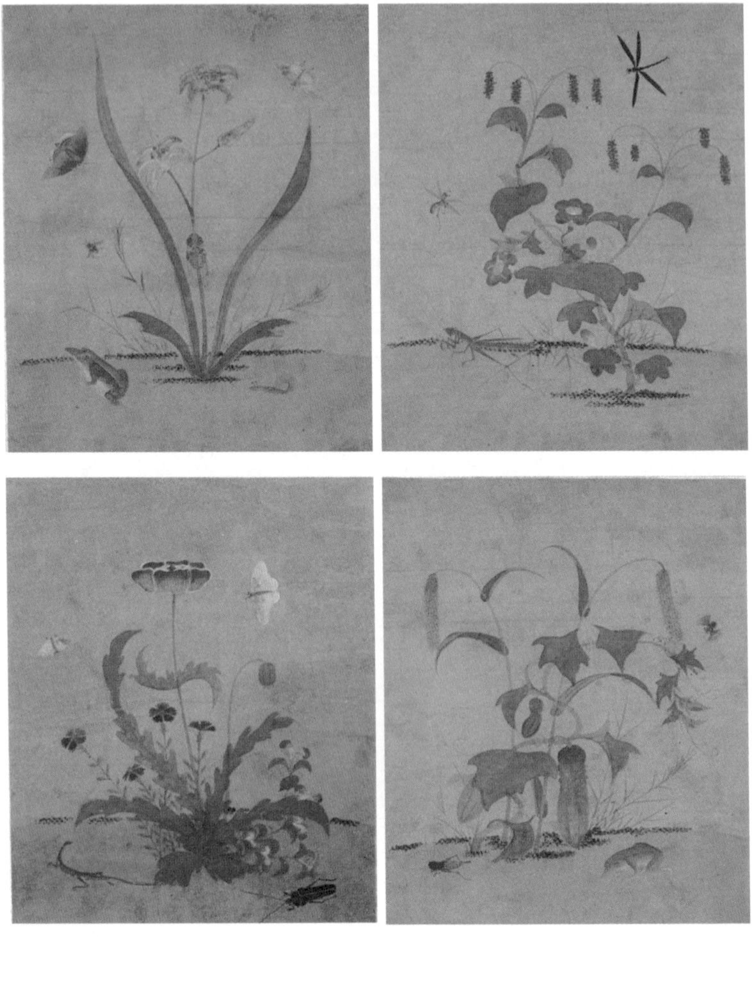

전 신사임당필 초충도 8폭, 국립중앙박물관 소장.

소장한 초충도 그림과는 다르지만, 이 8폭 초충도 또한 사임당의 작품이 분명하다고 썼다. 그는 사임당의 초충도를 지극히 정묘하다는 뜻의 '구극정묘俱極精妙' 네 글자로 표현했다.[40]

신경은 사임당의 고조인 신개申槩의 9대손이자 신립申砬 장군의 6대손이다. 조부는 영의정을 지낸 신완申玩이고 외조부는 박세채朴世采다. 또한 그의 아들은 이원수의 7대손인 이수해李壽海의 사위다. 즉 사임당은 신경 자신의 선조이기도 하지만 아들의 선조이기도 한 것이다.

신경의 발문이 붙은 8폭의 초충도는 10첩 병풍으로 꾸며져 현재 국립중앙박물관에 소장되어 있다. 초충도 8폭에 2폭의 묵서가 더해진 것이다. 초충도 8폭이 어떤 경로로 국립중앙박물관이라는 국가 공인의 작품으로 채택되었는지는 기존 연구에서 상세히 다루었다.[41] 조규희에 의하면, 1972년에 국립중앙박물관에서 〈한국명화근오백년전〉을 개최했는데, 그때 사임당의 초충도 8폭에 발문 두 편을 붙인 〈초충도 10곡병〉이 전시되었다. 그로부터 6년이 지난 1978년에는 이 초충도 8폭이 국립중앙박물관에 기증되었는데, 기증자는 박정희 대통령이었다. 1972년 개인 소장품으로 출품된 초충도 8폭이 박대통령의 소유였다가 국립중앙박물관에 기증된 것이다. 이에 앞서 1962년 10월 박정희 국가재건최고회의 의장은 신사임당과 율곡이 태어난 강릉 오죽헌의 중수를 지시했고, 그들을 우리 역사의 중요한 유산으로 활용하기 시작했다. 이 과정에서 개인이 소장하고 있던 초충도 8폭이 국가 공인 사임당 작품이 된 것이다.

18세기 이후 새로 나온 사임당의 그림에는 풀과 벌레를 소재로 한 것이 많다. 이와 더불어 사임당이 능한 분야가 초충도라는 인식이 18세기 미술계에 널리 퍼지게 되었다. 이종휘李種徽는 "우리나라 그림은 솔거의 소나무와 이정李霆의 묵죽, 신부인의 초충이 유명하다"[42]고 했다. 또 이긍익은 "사임당 신씨는 율곡 이이의 어머니인데 포도와 풀벌레를 잘 그렸다"[43]고 했다. 그런데 율곡이 16세기에 쓴 「선비행장」에서 사임당이 산수도와 포도 그림을 잘 그렸다고 한 것을 참고하면, 18세기에 등장한 초충도에 대해서는 미술사적인 해명이 요청된다. 이들 그림 모두를 사임당이 직접 그렸다고 보기보다는, 율곡의 어머니 사임당의 정체성을 둘러싸고 '초충도의 번성'이라는 회화문화가 생성되었다는 것이 적당한 해석일 것이다.

④ 꽃과 풀을 소재로 한 8폭의 이 그림첩은 조구명趙龜命, 1693~1737이 쓴 '의진이 소장한 신부인 화첩에 쓰다題宜鎭所藏申夫人畵帖'라는 제목의 글을 통해 알려졌다. 조구명은 집안의 손자인 조의진이 갖고 있던 화초 그림을 접하고 품평 글을 남긴 것이다. 조구명은 "붓 솜씨가 그윽하고 고우며 또 고상하고 명랑하다"고 평하고, 그림의 체법과 화태가 당나라풍에 가깝고, 채색 또한 형언하기 어려울 만큼 아름답다고 했다. 또한 이러한 그림은 그림 법에 애써 맞춘다고 되는 것이 아니라 하늘이 내린 재주가 탁월해야 그릴 수 있다고도 했다.[44]

조구명은 소론 명문 소속이었지만 정치에 큰 관심이 없었다. 자주 병고에 시달리면서 노장과 불교에 심취하고 또 문장가를 자처했다. 그는 조선 유학을 대표하는 성혼과 이이가 각각 서예가 성수침成守琛을 부친으로, 화가 사임당을 모친으로 두었음을 상기시켰다.

⑤ 대나무·오이·수박을 소재로 한 이 그림은 1718년에 권상하가 쓴 발문으로 그 존재가 알려졌다. 당시 권상하는 78세였는데, 사임당의 그림첩을 보고 이렇게 썼다. "필력이 살아 움직이고 사물이 실제와 똑같다. 줄기와 잎사귀는 마치 이슬을 머금은 것 같고 풀벌레는 날아 움직이는 것 같으며 오이와 수박을 보면 나도 모르게 입에 침이 고이니 천하에 제일가는 보배다."[45]

권상하는 사임당의 작품에 반영된 필력과 핍진한 사물 묘사에 최고의 찬사를 보냈다. 그리고 그림이 흘러온 내력을 적었다. 소장자 권중려는 권상정의 현손으로 사임당의 6대손이다. 이 그림은 현재 방일영 소장의 〈화초어죽도花草魚竹圖〉 그림 4폭에 가로로 연결되어 액자로 꾸며져 있다. 미술사가 이성미는 이중 대나무·오이·수박 그림이 사임당의 그림 명성을 뒷받침할 만한 섬세함과 품격을 지녔다고 한다.[46]

⑥ 포도는 사임당이 살아 있을 때 산수도와 함께 언급되던 소재이다. 18세기에 다시 포도 그림이 나오는데, 이병연李秉淵은 발시에서 "주렁주렁 열린 포도 특별히 사랑하며, 부녀 중의 이영구李營丘라 일컫는구나"[47]라고 했다. 그는 사임당을 재예를 겸비한 훌륭한 화가로 평가하며 송대의 화가 이성

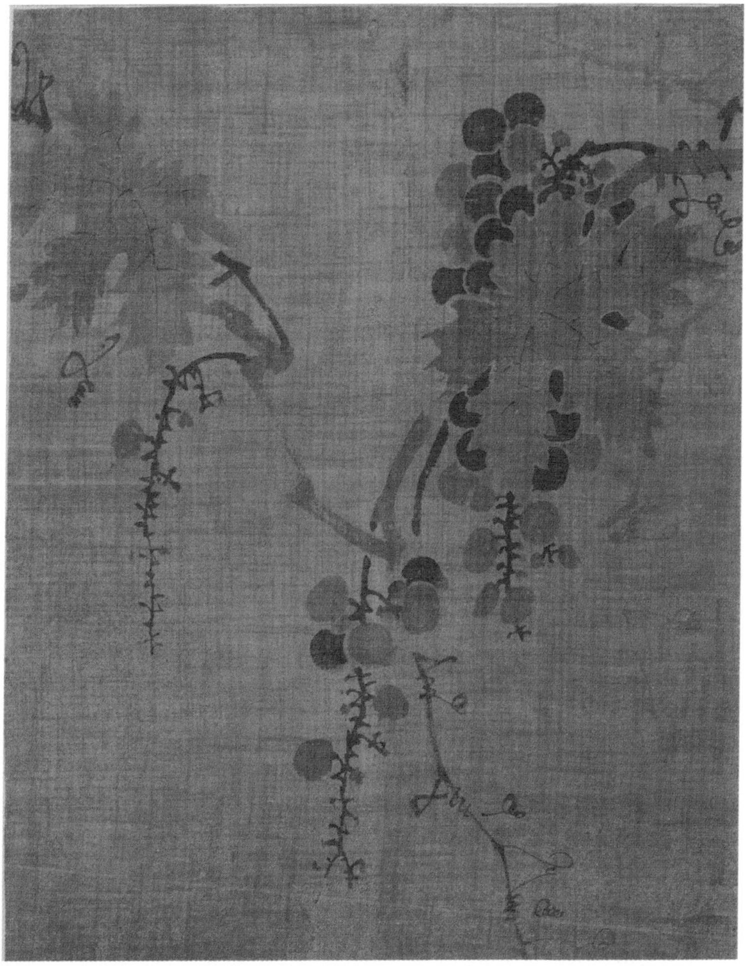

전 신사임당 포도도, 삼성미술관 리움 소장.

李成에 비유했다.

이병연의 시가 붙은 포도도는 현재 삼성미술관 리움에 소장되어 있다.

⑦ 이 포도도는 유언길이 발문을 써서 그 존재가 알려졌다. 1733년 유언길은 강릉 사람이 보여준 사임당의 포도 그림을 보고 그 감동을 시로 남겼다. "구슬인 양 동글동글 사이사이 용수염이, 맑은 잎새 가벼운 그늘 푸른빛이 흐르는구나. 흰 비단 위에 그 솜씨 끼치지 않았다면, 강릉 사람 무엇으로 사임당을 알았으랴."[48] 사임당의 포도 그림을 본 유언길은 이 그림이 인간 본연의 성정에서 저절로 우러난 것이기에 공경할 수 있다고 한다.

⑧ 대나무·학·꾀꼬리·꽃·나비 등을 소재로 한 4폭의 그림첩이다. 1764년 홍양호洪良浩가 여기에 품평 글을 남겼다. 그에게 사임당은 화가로서 신묘한 경지를 이룬 우리나라의 유일한 여성이었다. 그림을 좋아한 그는 사임당의 그림을 간직하고 싶었지만 인연이 없어 뜻을 이루지 못했다고 한다. 그러던 차에 정공이라는 사람이 평생의 친구 조공에게 그림을 선물했고, 조공이 다시 자신에게 우의로서 그림을 선물했다고 한다.[49] 홍양호의 사임당 그림 비평은 그림 그 자체에 집중한 것이 특징인데, 이것은 율곡을 선양하면서 사임당 그림을 매개로 한 정치적 결속과 정서적 공감에 더 공을 들이던 노론 계열의 방식과 차이가 있다. 즉 홍양호는 사임당의 작품을 이야기한 대부분의 사람들과 달리 사임당을 율곡과 결부시키지 않았는데, 그의 학문

과 정치성은 소론과 양명학파의 영향 아래에서 형성되었다는 점을 참고할 만하다.

⑨ '서호지西湖志'라는 글씨가 있는 이 매화도에는 이언유李彦愈와 송근수宋近洙가 발문을 썼고, 유래가 같은 그림에 송병선宋秉璿이 쓴 발문이 전한다.

이언유는 1776년에 쓴 발문에서 "고을의 남쪽에 사는 선비 김성열의 집에 먹으로 그린 매화 열여섯 폭이 있는데 앞머리 두 폭에 해서로 '서호지' 석 자를 쓰고, 각각 '동冬' 자와 '하夏' 자를 매겨두었다"고 했다. 이어서 "여러 대를 지나 자못 좀먹기는 했지만 그 휘어진 가지 차가운 꽃술에는 오히려 생기가 돈다"고 했다.[50] 이언유는 사임당의 7대손이자 율곡의 6대손이다.

이로부터 1백여 년 후인 1869년, 송근수는 강릉을 지나다 노암의 김씨 집을 방문해 같은 그림을 보고 발문을 보탰다. 그는 그림을 평하며 "손가락 밑에서 떨어진 기묘한 품격이 거의 조화를 빼앗은 듯하고 사람의 힘을 빌려서 된 것은 아니라"고 했다.

⑩ 매화를 소재로 한 이 16폭 화첩에는 신석우申錫愚와 신응조申應朝의 발문이 전한다. 이 매화 그림의 소장자 김응근金應根, 1793~1863은 신석우에게 발문을 청했다. 사임당의 방계 후손인 신석우는 어렸을 때 신경 후손의 집에서 신부인의 그림을 보고 공경심에 완상한 일이 있어, 그때의 정경이 아직도 눈앞에 삼삼하던 차에 매화 그림을 다시 보게 되어 감개가 남달랐다. 그는

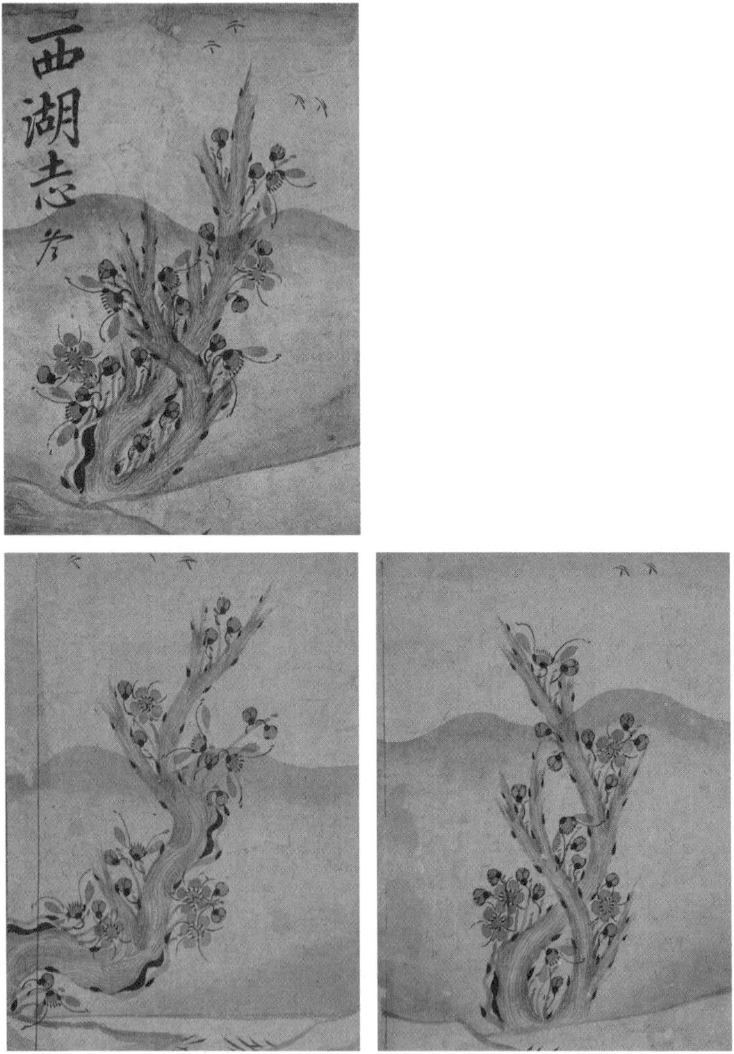

전 신사임당 습작 매화도, 오죽헌·시립박물관 소장.

사임당의 그림은 채색이나 먹물에 능한 손끝 기술을 가진 자들과는 차원이 다르다고 평했다.[51] 신응조도 1861년에 발문을 썼는데, 그는 사임당이 그림에 능하다는 근거를 율곡의 「선비행장」을 인용하며 열거했다. 이 매화도는 '고매첩古梅帖 8폭'이라는 이름으로 현재 이화여자대학교박물관에 소장되어 있다. 1폭에서 4폭 중간까지는 신석우의 발문이, 4폭 중간에서 8폭까지는 신응조의 발문이 붙어 있다.

⑪ 난초와 매화를 소재로 한 이 10폭 그림은 진본이 아니라 모사본이다. 1821년에 허회許澮는 사임당의 후손 이보여가 갖고 온 모사본 그림을 보고, 발문을 썼다. 그는 모사본에서도 사임당의 예술적 기운을 느낄 수 있다며, 그 진본은 상상할 수 없는 경지를 이룰 것이라고 썼다.[52]

⑫ 사임당이 쓴 당시오절 6수다. 강릉부사로 간 이형규李亨逵는 잃어버린 사임당의 필적을 부사의 직권으로 원래 주인에게 찾아주었고, 그 과정을 1774년 '사임당 친필에 대한 발문跋師任堂親筆'이라는 제목의 글로 남겼다.

최씨의 자손이 그 집에서 간직했던 부인의 필적을 이웃 고을 사람에게 잃어버린 채 아직 못 찾고 있어 참으로 애석하다는 이야기를 자세히 하는 것이었다. 나는 곧 이웃 고을에 공문을 보내어 급히 명령하여 찾아와 보매 좀이 먹어 상하고 연기에 그을려 더러워져서 거의 글자 획을 분별하지 못하게 되었는데 곧 표구사에 명하여 자그마한 병풍을 만들어서 최군에게 주어 오래 전하도록 하였다. 아! 율곡 선생의 외가 고장이라 어느 누가 공경하지 않을 것이랴. 내가 이 병풍을 강릉에 두는 것도 바로 그 까닭이니 뒷날 이것을 보는 이들도 단순히 진기한 물건으로만 보지는 않을 것이다.[53]

한편, 윤종의尹宗儀는 1869년에 강릉부사로 부임해 1백 년 전 이형규가 발문을 쓴 당시오절 6수를 모각했다. 강릉에 온 그는 인근 마을 최씨 집에 사임당의 필적이 있다는 말을 듣고 그 실물을 보러 갔다. 그가 보기에 글씨가 비록 병풍첩으로 되어 있지만 변색 정도가 심하고 좀이 슬어 상했으며, 연기에 그을려 때가 묻어 오래지 않아 곧 없어질 것 같았다. 이에 윤종의는 작품을 영원히 전하고자 이를 판각해 오죽헌에 보관하도록 했다.[54]

또 윤종섭尹鍾燮은 강릉부사 윤종의가 보낸 사임당의 글씨 판각본 한 벌을 받고 그 감흥을 칠언율시로 읊었다. 여기서 그는 "신묘한 초서 글씨 등꽃처럼 예스럽고, 글자체 변화가 구름 같아 붓 솜씨 찬란하네. 저 태수 현명하여 판각에 올려 새겨 내게 한 벌 보냈기로 삼가 받아 공경하네"[55]라고 한다. 윤종섭의 문집으로 『온유재집溫裕齋集』이 전하는데, 그 서문은 앞서 사임당의 매화 병풍 8폭의 발문을 쓴 신응조가 썼다. 이렇게 사임당의 작품에 대한 관심은 이렇게 평소 친분 있는 사람들 사이에서 공유되었다.

사임당은 원래 그림으로 이름이 났지만 글씨에도 능해 16세기 초서풍의 한 계통을 연 계창자로 평가되고 있다. 이에 의하면 사임당 서풍을 추종했던 막내아들 이우와 백광훈·백진남 부자, 석봉 한호를 '사임당서파師任堂書派'라 한다. 특히 이우의 초년 서풍은 어머니 사임당의 서풍을 따랐다고 보았다. 이우가 15세 되던 1556년 3월에 쓴 초서 〈귀거래사〉도 그런 작품에 속한다. 그 끝에 '옥산서사玉山書似'라고 쓰여 있는데, 그의 나이로 보아 어머니 신사임당의 필적을 모범으로 삼았을 가능성이 커 보인다. 17세기 문인이나 명필 중 사임당 서풍과 관련될 만한 인물로 조경趙絅, 조속趙涑 등과 이우의 증손 이동명 등 여럿을 들 수 있다.[56]

⑬ 사임당이 수놓아 만든 이 자수 주머니는 덕수 이씨 집안에서 나왔다. 1805년에 송환기宋煥箕가 쓴 발문으로 그 존재가 드러났다. 송시열의 5대손인 그는 "그 손끝에서 표현된 것으로도 혼연히 자연을 이루어 사람의 힘을 빌려서 된 것은 아닌 것 같다"고 한 송시열의 말을 자수 주머니의 바느질 솜씨에 적용시켰다. 그에 의하면 자수 주머니를 만든 기술의 정교함은 곧고 진실한 마음이 아니고서는 나올 수가 없다. 그는 또 "부인의 그림은 사람들이 많이 보아왔지만 이 자수 주머니가 있다는 것을 아는 사람은 드물다. 내가 지금 보게 되니 어찌 큰 행운이 아니겠는가?"[57]라고 한다. 송환기는 율곡의 형제들이 혼인을 치른 후 일정 기간 동안 이 주머니를 찼다고 했는데, 이런 이야기 또한 이전에는 없던 내용이다.

지금까지 살펴봤듯, 사임당 사후 150여 년이 지난 18세기에 이르러 다양한 소재의 작품이 쏟아지듯 나왔다. 사임당의 그림을 둘러싼 이야기 대부분은 정통 서인에 속한 사람들로 송시열의 문인이거나 그로부터 파생된 인물들에게서 나왔다. 특히 17세기 말 서인에서 갈라져나온 노론은 18세기에 거의 정국을 주도하다시피 하면서 다른 당파에 비해 상당한 부를 축적했고, 그 부를 바탕으로 문화적 특수를 누릴 수 있었다. 특히 서울에서 가까운 곳을 중심으로 활동했던 노론 문인들은 대체로 풍부한 문화적 기반 속에서 생장한 것으로 보인다. 그런 기반이 있었기에 그들은 어렵지 않게 회화에 관심을 집중할 수 있었다. 사임당의 그림에 주목해 품평 글을 쓴 사람 중에는 김진규, 이병연, 조구명, 권헌처럼 그림에 조예가 깊었던 전문 비평가들도 있다.

진짜인가 가짜인가

18세기에서 19세기에 걸쳐 등장한 사임당의 작품은 당대 지식인들의 글을 통해 그 존재를 알게 된 것들이다. 그런데 품평 글이 있다고 해서 그것이 곧 사임당의 진작이라고 말할 수 있는 것은 아니다. 반대로 진품이라고 해서 그에 대한 품평 글이 반드시 있는 것도 아니다. 진품이 아닌 것이 품평 글을 통해 진품으로 확정되기도 하고, 진품이지만 마땅한 품평 글이 없을 수도 있다. 진품과 품평의 존재가 반드시 인과관계를 이루는 것은 아니라는 말이다.

사임당이 화가였기에 그에 관한 이야기는 그림 작품을 위주로 전개되는 것이 자연스러운 흐름이었다. 따라서 사임당에 관한 이야기가 풍부해지면 풍부해질수록 그녀의 그림도 늘어나게 된다. 사임당이 남기고 간 제한된 작품으로는 늘어나는 수요에 부응할 수가 없기 때문이다. 18세기 이후 전傳 사임당 작품의 증가는 이러한 수요와 공급의 원리로 설명될 수 있는 것이다. 그런데 당대에도 진작과 위작을 완벽하게 가려내기란 쉽지 않았다. 특히 사임당 이야기가 무르익는 18세기는 그녀가 세상을 뜬 지 150여 년이 지난 시점이라 갑자기 등장한 그림들을 사임당의 진품으로 확정하기 위해서는 '그림이 어디서 왔는가'를 설명하는 것이 필수 항목이 되었다.

그리하여 18세기 이후에는 전 사임당의 그림이 진품이라는 느낌을 갖도록 하는 서술이 대세를 이룬다. 그림이 어디서 왔는지 적시함으로써 진품일 가능성을 시사하는 것이다. 이에 작품의 연원과 내력을 밝히는 것이 모든 품평 글이 취한 기본 태도였다. 주로 강릉이라는 지역을 강조하거나 사임당이나 율곡의 후손 집에서 나왔다는 서술인데, 당시로서는 상당히 설득력 있었을 것이다.

사임당의 진품이 강릉에 있을 가능성이 높다는 것은 당시 사람들의 일반적인 생각이었던 것 같다. 앞에서 본 작품 중 6인의 발문을 얻어낸 초충도 7폭①은 정필동이 강릉 근처 양양에서 얻어왔다고 했다. 소장자의 윗대 할머니가 강릉에서 시집오면서 갖고 온 것인데, 그 할머니는 사임당의 친척이었다. 또 정호가 발문을 쓴 초충도 8폭②도 "명주溟洲에 거주하던 신씨 집안의

문서 속에서 나온 것"이다. 명주는 지금의 강릉이다. 유언길이 발문을 쓴 포도도⑦는 '강릉 사람 모씨'가 소장하던 것이었다. 또 이언유·송근수·송병선이 발문을 쓴 습작 매화도⑨는 모두 강릉 노암의 김씨 댁에서 나왔다. 이형규·윤종의·윤종섭의 발문이 있는 당시오절 6수⑫는 강릉의 최씨 집안에서 나왔다.

이렇게 작품의 유래가 강릉에 있음을 부각해 진품일 가능성에 무게를 더해주었다. 특히 유언길은 사임당이 어려서부터 중년에 이르기까지 강릉에서 살았다는 점을 강조했다. 이 또한 강릉에 사임당의 진품이 많을 것이라는 상상을 돕는다.

또한 사임당의 후손 집에서 나온 것이라면 진품일 가능성에 무게를 더해줄 수 있다. 그래서인지 작품의 내력을 장남 이선과 막내아들 이우와 연결시킨 글들을 볼 수 있다.

사임당의 장남 이선의 후손에게서 나온 매화도 16폭⑩은 신석우와 신응조가 발문을 부탁받았는데, 소장자는 김응근이었다. 신석우가 발문에서 밝힌 작품의 내력을 보자.

> 부인이 일찍이 이것을 그려 맏아들 선璿에게 주고, 선이 그의 둘째아들 경항景恒에게 주고, 경항은 그의 사위 민희원閔希遠에게 주고, 희원은 그의 현손 학澩에게 주고, 학은 그의 사위 이동복李東復에게 준 뒤 이씨가 잃어버려 전하지 못하던 것을 이제 내가 얻어 가지게 되었습니다.[58]

김응근은 신석우에게 발문을 부탁하며 작품의 유래를 소상하게 설명하는데, 이는 진품임을 주장하기 위한 것으로 보인다.

신응조 역시 발문에서 작품의 내력을 밝히는데, 처음에 그림은 파주의 옛집에 간직되어 있다가 몇 대를 거쳐 먼 생질손자 집 물건이 되었다가 이제 다시 상서尙書인 의석宜石 김공의 소유가 되었다고 했다.[59] 의석 김공이란 김응근을 가리킨다. 신석우와 신응조가 서술한 내용이 사실이라면, 매화도 16폭은 3백 년 동안 후손의 집을 전전하며 보존되어온 것이다.

사임당의 장남 이선의 후손 집에서 나온 자수 주머니⑬는 송환기가 발문을 썼는데, 이선의 8대손인 이노원李魯元의 요청에 따른 것이었다. 소장자 이노원은 그 옛날 송시열이 썼던 난초 그림 발문과 같은 글을 송환기에게 기대했다. 송환기는 그런 사연을 발문에 적었다.

> 아, 석담 선생의 형제들이 신혼 때 차례대로 이 주머니를 찼는데, 자신의 차례가 되었을 때 아끼고 보호하는 것이 지극했다고 한다. 지금 수백 년이 흘렀지만 후손들이 보배로 여기는 것이 예전과 같으니 무엇 때문이겠는가. 하루는 부인의 맏아들 죽곡공의 8대손 이노원 씨가 조카 안신에게 이 주머니를 들려 멀리서 내게 보내어 (내 선조의) 난초 그림 발문과 같은 한마디를 얻고자 했다. 아! 부인의 그림은 사람들이 많이 보아왔지만 이 자수 주머니가 있다는 것을 아는 사람은 드물다. 내가 지금 보게 되니 어찌 큰 행운이 아니겠는가?[60]

19세기에 그 존재가 알려진 자수 주머니는 단순히 유물에 그치지 않고 사임당과 율곡의 모자관계를 구성하는 데 적극 활용되었다.

그외 사임당의 막내아들 이우의 자손이 소장했다는 대나무·오이·수박을 소재로 한 그림⑤에는 권상하가 발문을 썼다. 덕수 이씨 집안에서 나왔다는 난초·매화도 10폭⑪에는 허회가 발문을 썼다. 그런데 이 그림은 진본이 아니라 모사본이었다. '서호지'라는 글자가 쓰인 매화도⑨가 강릉 노암의 김씨 집에서 나왔는데, 김씨의 선조 할머니가 사임당의 이종이었다.

18세기 후반에서 19세기 전반 조선 후기 사회에서는 그림의 유통이 매우 활발했던 것 같다. 여기서 조선 후기 한국 사회에서 예술작품들이 유통되는 경로와 그림에 대한 제발이 생산되는 방식을 알 수 있다. 그것은 그림을 소장한 자가 영향력 있는 인물과 접촉해 발문을 받아내고, 그 대가로 소장 그림 일부를 선사하는 방식이었다.

유명 인사가 소장할 경우에도 진품일 가능성이 큰 것으로 이해되었다. 화초도 8폭④을 소개하는 조구명의 글을 보자. 그는 1737년 4월에 집안 손자 의진이 가지고 있던 화초 그림을 접하고 품평 글을 남겼는데, 작품의 내력을 이렇게 말한다.

> 의진이 간직한 율곡 선생 어머님 신씨의 그림 화초 여덟 폭을 얻어 심신을 정제하고 감상하였다. 아, 이것이야말로 신부인의 그림임에 의심할 것이 없다. (…) 더구나 그것이 저 김연홍金延興 집 안방에서 나왔으니 연홍은 율

곡 선생과 같은 시대를 산 분이라, 가짜를 간직하지는 않았을 것이다.[61]

조구명은 서화 비평가로도 이름이 났고 서화 감식에도 밝았다. 그는 사임당의 그림 발문에서 "의심할 것이 없다"라든가 "김연흥 집 안방에서 나왔다"는 식으로 자신의 관심을 환기시키면서 진품 주장에 힘을 쏟았다. 김연흥은 선조의 계비인 인목왕후의 아버지 연흥부원군 김제남金悌男을 가리킨다. 조구명은 김제남 정도의 권력가라면 가짜를 간직하지 않았을 것이라는 나름의 시각을 갖고 있었다.

한편, 작품의 유통 경로를 소상히 밝히기도 했다. 직접 돈을 주고 구입한 경우가 있고, 선물로 받은 경우도 있다. 신경은 초충도 8폭③을 구입했다고 한다.

이 풀벌레 그림 여덟 폭은 바로 부인의 손으로 그린 것인데 이양원李陽元 공의 집안에서 보배로이 간직해왔던 것이다. 이공은 율곡 선생과 같은 시대에 살며 선생을 사모했던 사람이다. 따라서 이 그림을 얻어 간직했다는 주장은 사실로 보인다. 이제 그 후손이 잔약하여 바로 이 그림첩을 팔아서 멀리 가는 노자를 마련하려 한다는 것을 진사 이민수에게서 듣고 그것을 구하여 돈을 주고 사게 된 것이다.[62]

작품의 원래 소장자 이양원은 홍문관 및 예문관의 대제학을 지냈고, 우의정과 영의정을 지낸 인물이다. 또한 홍양호가 발문을 쓴 대나무·학·꾀꼬리·꽃·나비를 소재로 한 4폭 그림첩⑧은 벗에게 선물로 받은 것이다.[63] 이렇게 수중에 들어온 그림에 대해서도 그림이 거쳐온 내력과 입수 경위를 밝히는 것이 제발을 구성하는 중요한 요소였다.

18세기 이후 조선 후기 사회에서 전개된 사임당의 그림 이야기는 거의 모두 진품임을 전제하며 그 내력을 밝히는 것을 중요하게 여겼다. 그림의 예술성이나 거기에 담긴 뜻보다는 작품의 외적 요소에 더 관심을 두었던 것이다. 모사본임을 인정한 허회의 발문 1편을 제외하면 모두가 진품임을 확정하는 설명이었다.

하지만 세간에 도는 사임당의 그림 대부분이 가짜라고 주장한 사람도 있다. 사임당의 7대손인 이언유와 이선해가 그랬다. 이언유는 사임당의 작품은 전해오는 것이 드물고 간혹 있다 해도 진짜와 가짜가 많이 섞여 있다고 했다. 그 이유는 사임당이 어려서부터 붓과 먹을 가지고 놀며 채색 그림을 아주 잘 그렸으나 장성해서는 부녀자의 할 일이 아니라고 여겨 거의 손을 대지 않았기 때문이다.[64] 또 이선해는 "세상에 전하는 우리 선조 할머니 신부인의 그림은 대개가 가짜다"라고 하면서, "간혹 진본이 한두 개 있지만 명문대가에서 보배롭게 소장하고 있어 자손들은 감히 사사롭게 소장하지 못했다"고 한다.

모사본에 의미를 부여한 허회는 "사임당의 작품으로 세상에 전해지는 것들 중에는 가짜가 많다"고 한다. 사임당의 명성을 업고 가짜 그림이 많이 나왔다는 것이다. 가짜의 빈번한 출현은 진품 보관의 어려움과도 통한다. 사임당의 막내아들 이우 계통의 후손 이서李曙는 『가전화첩家傳畵帖』을 만들며 선조들의 유묵遺墨을 지키는 것이 얼마나 어려운지 토로했다. 그는 자신의 5대조이자 사임당의 현손인 이동명이 흩어져 있던 선조들의 작품을 보존하는 일에 온 힘을 쏟았던 일을 기억하며, 눈을 부릅뜨고 지켜도 3대를 보관하기가 어려운 것이 선조의 유묵이라고 했다.[65]

사임당의 그림에 대한 수요 증가는 조선 후기 사회의 문화 현상을 반영한다. 상업이 발달하고, 신흥 부자들의 신분 상승 욕구가 가세하면서 18세기 이후 비싼 서화를 사고 값진 중국산 골동품을 갖추어 즐겨 보던 양반 문화는 중인층과 서민층으로도 퍼져나갔다. 조선 후기 문인화가 신위申緯는 중인 서리의 집까지 골동품으로 채워졌다며 그 속물근성을 비난했다. 요컨대 16세기 비평가들이 그림의 내용과 예술성에 주목했다면, 18세기 후반의 지식인들은 '서화 수집가'로서의 면모가 두드러졌다. 그래서 사임당의 그림에 내포된 예술성보다는 그림의 진위에 대한 관심이 더 컸던 것이다. 그 결과 전 사임당 그림에서 많은 사람이 그것이 진짜임을 주장하는 데 필요 이상의 지분을 할애하게 된 것이다.

3

어머니 신사임당

사임당이라는 인물에 입힌 어머니상은 긴 세월 동안 꾸준히 여러 사람에 의해 만들어졌다. 처음에는 율곡의 추종자들이 그런 이미지를 만들기 시작했다. 당연한 말이지만, 그 과정에는 당대의 정치적, 사회문화적 문제들이 반영되어 있다.

사임당이 어머니의 모델로 부각된 것은 성공한 아들을 두었기 때문이다. 율곡이 조선의 정치사상사에서 독보적인 위치를 점유하자, 그에 걸맞게 어머니 사임당도 '국민 어머니'가 된 셈이다. 율곡이 세상에 드러나기 전까지는 그림을 잘 그린 화가라는 사실 외에 사임당에 대한 다른 이야깃거리가 없었다. 물론 그녀에게도 당시 여성들이 감내해야 할 역할들이 있었겠지만, 그것이 사임당이라는 역사적 존재를 설명하기에는 결정적인 요소가 아니었다는 말이다.

사임당이라는 인물에 부여된 어머니상은 긴 세월 동안 꾸준히 여러 사람에 의해 만들어졌다. 처음에는 율곡의 추종자들이 그런 이미지를 만들기 시작했다. 당연한 말이지만, 그 과정에는 당대의 정치적, 사회문화적 문제들이 반영되어 있다. 사임당이 점점 모범적인 '어머니'가 되어가는 과정을 구체적인 자료를 통해 살펴보자.

율곡의 「선비행장」

「선비행장先妣行狀」은 '어머니 사임당'의 5세기 역사에서 중요한 근거가 되었다. 1551년에 사임당이 세상을 뜨자, 16세이던 이이가 어머니의 삶을 기록으로 남긴 것이다. 아들이 본 어머니라는 점에서 인물 서술의 객관성에 한계가 있을 수 있지만, 별세한 바로 그해에 쓴 글이라는 점에서 실제에 가까운 모습이라고 생각된다. 그 전문을 보자.

나의 어머니는 진사 신공의 둘째따님이시다. 유년 시절부터 경전에 통하고 문장을 지으셨다. 또 바느질에 능하고, 자수 실력은 지극히 정교하며, 천성 또한 온화하고 고상하셨다. 마음가짐이 정결하고 태도는 조용하며 일 처리는 안정되고 섬세하셨다. 말수가 적고 행동은 신중하며 겸손하셨다. 이에 신공께서 애지중지 여기시니 어머니의 성품 또한 효성스러우셨다. 부모가 편찮으시면 안색에 그늘이 졌다가 완쾌된 다음에야 본래대로 회복하셨다.

어머니가 시집가게 되자 진사께서는 나의 아버지께 "내가 딸이 많은데 다른 딸은 시집을 가도 서운하질 않으나 자네 처만은 내 곁을 떠나보내고 싶지 않네"라고 하셨다. 어머니가 혼인하신 지 얼마 안 되어 진사께서 돌아가시니, 삼년상을 마친 뒤 서울로 올라와 신부의 예로써 시어머니 홍씨 할머니를 뵈셨다. 어머니는 언행에 경솔함이나 함부로 하는 것이 없으셨다. 하루는 집안 일가가 모여 잔치를 하는데 여자들이 모두 모여 담소를 나누게 되었다. 어머니께서는 함께 앉아 계시면서도 아무 말씀이 없으시니 할머니께서, "새아기는 왜 말이 없느냐?" 하고 물으셨다. 이에 어머니는 공손하게 고쳐 앉으시고 "여자로서 문밖에 나다니지 않아 본 것이 없어 할 말이 없는 듯합니다"라고 하셨다. 그러자 그 자리에 있던 사람들이 모두 부끄러워하였다. 뒷날 어머니는 강릉 친정에 갔다가 돌아오실 때 외할머니와 눈물을 흘리며 이별하셨다. 일행이 대관령 중턱에 올라왔을 때, 어머니는 친정 마을인 북평을 바라보며 외할머니를 그리는 정을 못 이겨 수레를 멈추고 한참 있다가 슬피 눈물을 흘리며 시를 한 수 지으셨다. "늙으신 어머니를 고향에 두고, 외로이 서울 길을 가는 이 마음, 머리 돌려 북평 땅을 내려다보니, 흰 구름만 저문 산을 날아내리네."

서울로 돌아온 뒤 수진방에 살았는데, 그때 연로하신 할머니께서 더이상 집안일을 돌볼 수 없어 어머니가 주부로서 집안 살림을 도맡아 하셨다. 아버지께서는 성품이 활달하여 작은 일에 얽매이지 않아 집안 살림을 돌보지 않으셔서 살림이 넉넉지 못하였다. 어머니께서 살림을 규모 있게 꾸리셔서 웃어른을 봉양하고 아랫사람을 보살필 수 있었다. 집안 살림을 맡아 모든 일을 혼자 마음대로 처리하시는 일 없이 늘 할머니와 상의하셨다. 할머님 앞에서는 첩이나 여종을 꾸짖지 않았고, 그들을 대할 때도 말씨나 표정을 온화하게 하셨다. 혹 아버지께서 실수를 하시면 반드시 바로잡아주셨고, 자녀들에게 허물이 있으면 곧바로 꾸짖으셨다. 거느리는 아랫사람들이 잘못을 저지르면 엄하게 꾸짖으시니 모두 어머니를 공경하고 받들기를 기쁜 마음으로 하였다.

어머니는 늘 강릉을 그리워하여 깊은 밤 고요할 때면 눈물을 흘리고, 때로는 새벽까지 잠을 이루지 못하셨다. 어느 날 하루는 친척 어른이신 심공의 시첩이 와서 거문고를 탄 일이 있는데, 어머니께서는 그 소리를 들으시고 눈물을 흘리며, "거문고 소리가 그리움을 간직한 사람을 더욱 애타게 한다"고 하셨다. 그 자리에 있던 사람들이 모두 슬퍼하면서도 그 뜻을 깨닫지 못했다. 어머니는 일찍이 외할머니를 그리워하는 시를 지으셨다. "밤마다 달을 보며 비나니, 생전에 다시 뵙게 해주소서"라는 시인데, 그 효심은 하늘에서 내린 것이리라.

어머니는 갑자년 겨울 10월 29일 강릉에서 태어나 임오년에 아버지와 혼인하고 3년 뒤 갑신년에 서울로 오셨다. 그뒤 때로는 강릉에 돌아가 계시기도 했고 때로는 봉평에 살기도 하셨는데, 신축년에 서울로 다시 돌아오셨다. 경술년 여름, 아버지께서 수운판관에 임명되시고, 이듬해 봄에 삼청동 셋집으로 이사를 하였다. 그해 여름에 아버지께서 나라 물자를 운반하는 일로 관서 지방에 가게 되셨는데 두 아들이 모시고 갔다. 이때 어머니께서는 아버지가 계신 여관으로 편지를 보내셨다. 어머니께서 눈물을 흘리며 편지를 쓰셨는데 그 내용을 아는 사람은 아무도 없다. 그해 5월에 일을 마치고 아버지께서 배를 돌려 서울로 향하셨는데 미처 집에 도착하기도 전에 어머니께서 병환이 나셨다. 2, 3일 앓으시곤 자녀들에게 "아무래도 일어나지 못할 것 같구나"라고 하셨다. 그날 밤은 여느 날처럼 잠자리에 드셔서 병환이 좀 나은 줄 알았는데 17일 새벽에 갑자기 돌아가시니 향년 마흔여덟이었다.

그날 나는 아버지를 모시고 서강에 도착했는데, 행장 속에 있던 놋그릇이 모두 붉게 변해 이상하게 생각했다. 조금 있다가 어머니께서 돌아가셨다는 소식을 듣게 되었다. 어머니는 평소에 글씨 쓰기나 그림 그리기를 매우 좋아하셨다. 일곱 살 때부터 안견의 그림을 본으로 삼아 산수도를 그렸는데, 매우 정밀하였다. 특히 포도를 그리면 모두 진짜 같다고들 했는데, 병풍과 족자 형태로 세상에 많이 전하고 있다.[66]

율곡이 기술한 어머니 사임당의 특성은 크게 세 가지로 요약된다. 먼저 성품에 관한 것으로, 사임당은 온화하고 고상했으며 태도는 조용하고 섬세하며 신중하고 겸손했다. 두번째로 사임당은 어릴 때부터 경전과 문장을 익히는 등 학구열이 높았으며 바느질과 자수, 그림 등에서 예술적 재능이 뛰어났다. 마지막으로 인간관계에서의 진정성을 들 수 있는데, 부모에 대한 효성, 시어머니에 대한 예의, 남편에 대한 충언, 자녀에게 주는 교훈, 아랫사람을 향한 따뜻한 시선 등이 이를 뒷받침한다. 여기서 가장 주목되는 대목은 사임당이 어린 시절부터 효심이 깊었고, 혼인하여 친정을 떠날 때는 홀로 남겨진 어머니 때문에 눈물을 흘렸다는 이야기다. 그리고 서울 시댁에서는 강릉의 친정어머니를 늘 그리워하여 밤을 지새우는 일이 잦았다는 점이다. 여기서 본 사임당은 무엇보다 효녀의 이미지가 강하다.

7백여 자로 구성된 율곡의 「선비행장」은 사임당을 기억하고 재생하는 5백년 역사에서 중요한 자료가 되었다. 사임당에 관한 대부분의 정보는 율곡의

「선비행장」에 근거하여 보태거나 빼거나 강조하거나 약화시키는 방식으로 재구성한 것들이다.

김장생의 「율곡행장」

「선비행장」을 필두로 사임당에 대한 기억과 재생의 역사가 시작되는데, 무엇보다 어머니로서의 정체성이 강화된다. 율곡의 문인 김장생은 1597년 선조 30에 쓴 「율곡행장栗谷行狀」에서 어머니로서의 사임당에 대한 새로운 이야기를 한다.

> 신씨는 기묘사화 때 화를 입은 기묘명현己卯名賢의 한 사람인 신명화의 딸로, 타고난 바탕이 매우 남달라 예에 익숙하고 시에 밝아서, 옛 여인의 규범을 모르는 것이 없었다. 선생은 병신년1536 12월 26일, 관동 임영의 북평촌에서 태어났다. 선생이 태어날 때, 신씨 부인의 꿈에 용이 아이를 품 안에 안겨주었던 까닭에 어렸을 때 이름을 현룡見龍이라 하였다.[67]

김장생의 사임당은 '예와 시에 밝고 여범女範에 충실한' 그런 부인이다. 이것은 50여 년 전 율곡이 지은 「선비행장」을 토대로 한 것이지만, 사임당을 유교적 부덕에 부합하는 조건을 만족시키는 방향으로 재구성했다. 그런데 김장생은 사임당이 화가였다는 사실을 아예 빼버린다. 율곡은 분명 어머니 사임당이 그림에 능해 많은 작품을 남겼다고 했음에도 불구하고, 김장생은 이 사실을 선택하지 않은 것이다. 반면에 '용꿈을 꾸고 아들 율곡을 낳았다'는 새로운 이야기를 끼워넣었다. 여기서 처음 나온 '용꿈' 이야기는 거듭 인용되며 나중에는 사임당과 율곡의 진실로 자리잡는다.

한편 김장생은 율곡의 부인 노씨에 대해서는 길고 상세하게 서술하는데, 분량도 어머니 사임당보다 10배 이상 많다. 김장생에 의하면 부인 노씨는 1557년에 시집와서 인자하고 화목하게 남편을 섬겨 부덕을 다했다. 서모庶母를 친어머니처럼 섬겼고, 손윗동서 곽씨를 성의를 다해 받들었으며, 첩들을 친자매처럼 대했다. 그리고 두 첩과 더불어 남편의 제사를 정성껏 지냈고, 제사 비용을 마련하고 집안을 건사하는 데 최선을 다했다. 조상의 제사를 받들고 서자 및 조카들에게도 정성과 애정을 다했다. 그리고 임진란을 맞아 남편 율곡의 무덤을 지키다 왜적에게 살해되어 나라에서 정려문을 내린 일까지, 그녀의 일생이 소상하게 기록되었다.

노씨에 대한 김장생의 서술은, 이후 인사들이 사임당의 비중을 절대적으로 높이고 율곡의 부인 노씨를 간략하게 처리한 것과 대조된다. 김장생이 율곡을 처음 만난 것은 1567년이었으니, 사모師母 노씨를 직접 보고 들었을 것이다. 그래서 노씨의 외면과 내면을 아울러 세세한 부분까지 공들여 서술할 수 있었다.

김장생은 부인 노씨를 스승 율곡의 인품과 학덕을 은은하게 비추는 달빛과 같은 존재로 드러내고자 했다. 김장생에게 노씨는 비록 재주를 타고나지는 않았지만 후덕했고, 가문을 잘 이끌어 화합하게 했으며, 난을 당해서는 강인한 의지와 결단력을 보여준 인물이었다. 즉 스승 율곡에 걸맞은 이상적인 부인이었다. 반면에 스승의 어머니 사임당은 비록 경서를 읽고 문장에 능하고 그림에 뛰어난 재주를 지녔지만, 부덕의 전범으로 부각시키기에는 만족스럽지 못했던 것이다.

김장생은 제자들에게 항상 "우리 동방의 성리학에서 명백하여 순수하고 찌꺼기 하나 없이 맑으며, 참으로 알고 참으로 실천하여 그 종지宗旨를 얻기로는 율곡만한 분이 없다"[68]고 했다. 그는 율곡이 별세했을 때도 "상복을 지어 입고 거처했고, 기일이 되면 재계하고 소식素食, 고기와 생선을 먹지 않는 식사을 했으며, 율곡 선생의 아들 보기를 자기의 아들처럼 했다".[69] 그리고 김장생은 아들 김집의 측실로 율곡의 서녀를 맞이했는데, 송시열은 "선생(김집)은 좌의정 유홍兪泓의 따님에게 장가들었는데 부인이 치매를 앓자 율곡 선생의 서녀가 교양이 있어 집안 살림을 대신 맡았다"[70]고 했다. 17세기에 전개되는 사임당 이야기는 이 김장생의 사임당 서술을 기초로 삼았다.

율곡을 종주로 하는 서인은 자신들의 정치적 정체성과 학문적 정통성을 확보하기 위해 스승 율곡을 현창할 필요가 있었다. 일정한 의도와 목적에 따라 율곡이 서술되면서 사임당에 대한 이야기도 새로운 국면을 맞았다. 17세기 초에는 행장이나 비지를 통해 율곡이 서술되는데, 여기서 사임당은 율곡의 어머니로 부각되었다.

김장생이 쓴 「율곡행장」은 2만 2천여 자로 이루어졌는데, 행장으로는 분량이 매우 많은 편이다. 율곡이 별세한 후 김장생은 10년 넘도록 방대한 관련 자료를 수집하고 정리해 행장을 썼다. 그리고 이정구와 이항복이라는 정치적 위상이 높은 인물에게 각각 시장과 비명을 청탁했다. 행장이나 비지는 포폄이라는 서술 방식으로 쓰였기에 역사 기록물 역할을 하면서 정치적 목적을 극대화하는 데 활용되기도 했다. 더구나 율곡 비명의 찬술과 건립이 추진되던 시기가 서인들의 위상이 급격히 위축되던 선조 말 광해 초였다는 점에서, 그 작업이 단순히 스승에 대한 선양 차원만은 아니었으리라 짐작할 수 있다.[71]

그랬기에 율곡과 신사임당을 어떻게 기술할 것인가 하는 문제는 서인들에게 민감한 사안일 수밖에 없었다. 율곡 서술을 목적으로 한 이 네 편의 글에서 언급된 사임당은 대체로 유사하지만 약간의 차이가 보인다. 그들이 남긴 서술에서 특징적인 것들을 꼽아보자.

먼저 용꿈을 꾸고 율곡을 낳았다는 이야기다. 이 이야기는 김장생에게서 처음 나와 이정구, 이항복, 김집, 송시열 등이 인용함으로써 사실화되었다. 이정구는 1612년광해 4 「율곡시장栗谷諡狀」에서, 이항복은 1615년 「율곡비명栗谷碑銘」에서, 김집은 1654년효종 5 「율곡묘지명」에서 각각 사임당의 용꿈을 언급했다. 용과 결부된 율곡의 출생 이야기는 1672년현종 13 송시열이 쓴 「자운서원묘정비紫雲書院廟庭碑」에서도 그대로 반복된다. 이렇게 17세기를 대표하는 걸출한 인사들이 인용에 인용을 거듭하며 용꿈을 율곡과 연결시킨 것은 모자 관계를 신비화하는 효과를 낳는다.

다음으로 17세기 인사들이 율곡을 서술하며 중요하게 다룬 것은 어머니의 상喪을 당한 율곡의 태도다. 율곡은 서모와의 갈등으로 정적에게 불효 혐의로 공격을 받은 바 있다. 이것 때문인지 율곡 사후 율곡의 선양과 관련된 각종 자료에는 '시묘 3년'이 필수 항목처럼 언급돼 있다. 그들은 한결같이 "율곡이 16세 되던 1551년에 어머니 상을 당해 3년 동안 여묘살이를 하면서 한결같이 『가례』를 따라 상복을 벗지 않았고, 손수 제수를 장만하고 그릇 씻는 일까지도 종들에게 맡기지 않았다"고 했다. 또 "5세에 모친의 병환이 위독하자 외왕부外王父의 사당에서 기도"한 이야기, "모친 잃은 슬픔에 사생死生에 관한 고민으로 불가에 들어간"[72] 이야기 등은 어머니 사임당과의 정신적 유대를 강조해, 율곡의 효성을 보여주기 위한 의도로 보인다. 이러한 서술들은 율곡과 사임당의 관계를 유교적 윤리로 재편성하는 과정에서 나온 것이다.

마지막으로 사임당이 혼인하게 된 계기를 설명하는 부분을 보자. 이항복은 "신명화가 스스로 동양東陽의 명망 있는 집안인데다 이런 규수가 있다 하여 그 배우자를 몹시 가렸는데, 참찬(율곡의 조부)이 마침내 찬성(율곡의 부)을 그 규수에게 장가들였다"고 했다. 그런데 율곡의 조부이자 이원수의 부친인 증贈 참찬공은 이원수가 네 살 때 세상을 떠났다. 그럼에도 이원수의 부친이 혼인을 결정한 것처럼 묘사한 것은 시집에서 혼인을 주도하는 유교적 혼인 의식이 반영된 탓이다.

유사하면서 조금씩 차이를 보이는, 서인 계열 학자들의 사임당 이야기는 율곡이 지은 「선비행장」을 기초로 했다. 하지만 각 찬술자들은 각자 의미를 둔 구절을 선택해 재구성하는 방식을 보인다. 사임당이 예에 밝았다는 면이나 시서화에 능했다는 점에 초점을 맞추기도 하고, 사임당의 친정이나 외가의 가격家格에 주목하기도 하는 등 그 서술 방식이 저마다 달랐다. 율곡의 「선비행장」은 어머니 사임당을 중심에 놓고 서술된 반면, 17세기에 서술된 글에서 사임당은 율곡 선양을 위한 조건으로 부각되었다.

송시열의 율곡 높이기 프로젝트

사임당을 이상적인 어머니로 부각시키는 데 가장 큰 공로를 세운 사람은 송시열이다. 그는 17세기 전반에 이뤄진 율곡 서술에서 한 단계 더 나아간 모습을 보인다. 송시열은 율곡과 사임당이 나아갈 방향을 설정하면서, 사임당을 유교적 부덕과 연결지었다. 이후 폭발적으로 발화된 '어머니' 사임당 담론에 방향을 제시한 사람이 바로 17세기의 송시열이다.

송시열은 사임당의 그림을 소재로 삼아 그녀가 유교적 부덕을 완벽하게 구현한 여성이었음을 주장하는 데 많은 힘을 기울였다. 다시 말해 사임당의 그림을 놓고 이야기하지만 그림에 대해 논하기보다는 가부장적 가족 질서에 순종하는 여성으로서 사임당을 자리매김하는 데 더 공을 들였다. 이에 송시열은 사임당이 그림을 그린 것도 그녀 스스로 좋아서 한 것이 아니라 "어버이의 엄격한 명령으로 마지못해" 그렸고, 사임당은 자신의 그림이 밖으로 나가지 않도록 신경 썼다고 주장한다. 즉 손님들에게 그림 솜씨를 보여주라는 남편의 청에 못 이겨 남들이 가지고 가지 못하도록 놋그릇에 그렸다는 것이다.

그가 쓴 「사임당산수도발師任堂山水圖跋」의 일부를 보자.

> 그리고 남녀의 구별이 지극히 엄격해서 비록 일가친척이라도 무슨 물건을 서로 빌리거나 한 우물을 같이하지도 못하는 것입니다. 지금 부인의 인장 아래에 소공이 자기 손으로 시를 적어놓은 것은 참으로 미안한 일입니다. 또 시에 "꽃다운 마음"이니 "맑은 자취"니 한 것도 그윽하고 고요한 덕을 노래한 뜻에는 맞지 않는 것 같습니다. 더구나 "따라잡기 어렵다"는 것은 남녀 간에 엄격하고 경의해야 한다는 점에서 본다면 부당한 말인 것 같습니다. 소공의 사람됨이 어떠한지는 모르나 무례하고 공손치 못하기가 이 같을 수 있습니까? 또 소공이 무슨 인연으로 이 그림을 얻어 보고 감히 그 위에 시를 썼는지 모를 일입니다.[73]

송시열은 사임당의 산수도를 통해 남녀유별이라는 유교적 부덕을 관철시키고자 한 것이다. 그런 점에서 볼 때 사임당의 작품에 직접 시를 쓴 소세양의 행위를 그는 이해할 수 없었다. 그래서 외간 남자 소세양이 부인의 그림에 대고 직접 글을 써넣은 것을 문제삼고 있는 것이다. 규방 부녀의 작품을 밖으로 내돌리고, 그 작품 위에 여러 남성 평가자가 흔적을 남겼다는 사실은 송시열을 불쾌하게 하기에 충분했다. 특히 자신을 포함한 서인의 정신적 지주인 율곡 어머니의 일이기에 더욱 그러했다.

그런데 송시열의 이 글은 그의 문집이 아닌 덕수 이씨 집안의 『가전화첩』에 실려 있다. 이 글의 마지막 부분에서 송시열은 엄격해야 할 남녀 간에 무슨 연유로 소세양이 부인의 필적 위에 글을 썼는지, 그것을 밝혀준다면 발문 요청에 응하겠다고 한다. 따라서 이 글은 발문이라는 제목이 붙어 있기는 하지만, 사실은 발문을 요청한 이동명에게 의문을 제기해 보낸 편지 글에 가깝다. 그런데 의문이 해소되었는지, 송시열은 곧이어 발문을 썼다. 「신부인 그림 가리개 발문申夫人畫障跋」이라는 글이 그것이다.

이 그림은 이동명의 집에서 나왔는데, 그의 고조모님이 남긴 것이라고 한다. 그러나 세대가 오래되어 진짜인지 가짜인지 자세하지가 않다. 동명은 그것이 좀먹고 먼지에 더러워지는 것을 참지 못해 삼가 이 장첩들을 꾸며 보관한 것이라 한다. 그렇다면 이것은 저 주周나라 왕실에 있는 적도赤刀와 천구天球 같은 것을 선왕이 직접 만든 것은 아니지만 잘 지키는 것이 효도인 것과 같은 셈이다. 거기에 시를 쓴 이는 퇴휴 소세양인데, 역시 그 선대의 족보로서 외가가 된다고 한다.[74]

발문치고는 내용이 특이하다. 이 산수도가 신부인의 작품인지 확신할 수는 없지만, 설령 가짜라 하더라도 집안에 보관해오던 선조의 유품은 지키는 것이 도리라고 말하고 있다. 그리고 앞서 불쾌감을 드러냈던 '외간 남자' 소세양에 대해서는 그가 외가 쪽 인척임을 밝혀 율곡 선생 어머니의 작품을 남자들이 돌려보았다는 데 대한 '불쾌감'을 해소하고자 했다.

또 한 가지, 송시열은 이경석이 산수도 발문을 썼다는 사실도 못마땅해했다. 송시열이 율곡 선생 어머니의 그림 발문을 '아무에게나' 받았다고 못마땅해한 것은 바로 이경석을 겨냥한 것이다. 소세양을 향한 공격처럼 직접적이지는 않지만 동시대 선배 이경석을 무시하려는 의도가 깔려 있다. 실제로 이들 사이에는 누적된 오해와 갈등이 있었다. 1669년현종 10에 송시열은 이경석을 풍자하며 신랄하게 비판했는데, 32년 전인 1637년인조 15에 이경석이 청나라에 굴복하는 치욕의 비문, 「삼전도비문」을 썼다는 이유에서였다. 송시열은 이경석을 『논어』에서 대중의 인기에 영합하는 인물로 나오는 향원鄕原[75]에 비유했다.[76]

소세양과 이경석이 극찬한 사임당 산수도를 '부덕을 실천하는 부녀의 작품'으로 보기엔 미안한 감이 있다고 한 송시열의 발언은 두 명사에 대한 예의를 이미 벗어난 것이다. 서인인 송시열에게 남인이 수용한 이경석의 입장이 탐탁치 않았던 것이다. 시국관의 차이에서 생긴 오해와 대립, 이념 갈등, 그리고 명·청 교체기의 국제 질서에 대응하는 방식의 차이 등 남인과 서인 내지는 노론과 소론은 그 인식에서 현격한 차이를 보였다.

송시열과 그의 사람들에게, 율곡은 정치적, 학문적 정체성을 부여하는 존재였다. 그러니 당연히 그 어머니도 유교에 부합하는 면모를 갖춰야 했다. 사임당의 그림 발문에 반영된 송시열의 의도는 당시 그가 처한 정치적 맥락을 통해 이해할 수 있다.

송시열은 사임당의 난초 그림 발문을 1659년 섣달에 썼다. 그리고 그로부터 17년이 지난 1676년에 산수도 발문을 썼다. 1659년 5월 4일에는 효종이 승하했다. 이때 효종의 모후인 조대비의 복상 문제를 놓고 율곡학파 서인과 퇴계학파 남인 간에 다툼이 일어났는데, 이른바 1차 예송논쟁이 그것이다. 이 논쟁은 표면적으로는 복상 문제를 놓고 벌어졌지만 근본적으로는 서인과 남인의 정치적 대결이었던 셈이다. 바로 이때 나온 신사임당의 난초 그림 발문은 서인의 권력을 확보하기 위한 맥락에서 그 종주인 율곡의 권위를 재확인하는 작업과 무관하지 않았다. 또 1676년, 산수도 발문을 쓸 당시 송시열은 유배중이었는데, 2차 예송논쟁의 여파로 서인이 실각했기 때문이다. 1674년 2월에 효종의 비가 죽자 그 시어머니인 조대비의 복상 문제를 둘러싼 논쟁이 다시 일어났다. 당시 집권층인 남인의 기년설이 채택됨으로써 서인의 수장 송시열은 귀양을 가게 되었던 것이다. 그리하여 송시열은 1680년 경신환국으로 정계에 복귀하기까지 6년 동안 귀양살이를 한다. 다시 말해 산수도 발문을 쓸 당시 송시열은 남인과 정치적 갈등이 심화되는 가운데, 율곡의 '신화'를 중심으로 서인들의 재결집이 요구되는 상황에 놓여 있었다.

송시열을 중심으로 한 서인 계열 중진의 '율곡 높이기' 프로젝트는 죽이

지 않으면 죽임을 당하는 '환국換局'의 상황에서 나온 것이다. 송시열에게 율곡은 학문적 지향과 정치적 입장 모두를 충족시키는 지주였다. 「우암연보尤庵年譜」에 의하면 송시열은 12세 때인 1618년광해 10 『격몽요결』로 율곡과 처음 만났다. 그는 "주자는 후세의 공자이고 율곡은 후세의 주자이니 공자를 배우려면 율곡에게서 시작해야 한다"는 아버지의 뜻으로 『격몽요결』을 배웠다. 『격몽요결』을 다 읽고 난 후 그는 "이 글처럼 하지 않으면 사람이 될 수 없다"고 선언하기에 이른다.

사임당은 송시열에 의해 율곡과 본격적으로 결부되기 시작하면서 화가보다는 율곡의 어머니로서의 비중이 더 커졌다. 이외에도 사임당 선양에 송시열이 개입한 여러 정황을 찾아볼 수 있다. 송시열은 강릉 김씨 집안의 효행록 후기에 강릉의 풍속이 사임당과 율곡의 영향을 받았음을 시사했다. 그는 "북평 사임당 신씨는 부덕이 갖추어져 있고 효행 또한 지극했다. 이에 율곡 선생을 낳으시니, 선생은 외조모에게 정성을 다해 극진히 공경했는데, 이것이 임금에게까지 알려졌다. 그리하여 선조대왕은 선생이 외조모에게 돌아가 보살피도록 허락한 것이다. 이 같은 사실이 어찌 사방을 감동시키지 않았겠는가"[77]라고 하였다. 송시열이 소개한 이 이야기는 1569년 6월 1일 실록 기사에도 나와 있다.[78]

송시열 이후, 그의 문인들을 중심으로 한 18세기의 사임당 담론은 송시열과 또다른 차원에서 전개되었다. 그들은 송시열이 펼쳤던 사임당 담론의 연장선상에서 스승의 근본 취지를 유지하면서 새로운 내용을 만들어냈다. 그들에게 송시열은 역사상 실재했던 한 개인으로서의 자연인을 넘어 하나의 상징적 기호로 자리잡았기 때문이다. 죽은 송시열은 그의 사람들에 의해 신화로 부활했다. 이에 따라 사임당 이야기는 송시열의 방향 설정에 따른 각주의 성격으로 전개되었다.

초충도와 여성의 일

18세기에 이르러 사임당의 그림은 '유교적 부덕에 충실한 여성'이란 프레임으로 재배치됐다. 특히 초충도가 유교 경전의 구현으로 둔갑한다. 18세기 노론 계열 인사들은 풀벌레를 소재로 한 사임당의 초충도를 『시경詩經』의 시 「초충」을 형상화한 것이라고 한다. 사임당이 그렸다고 하는 초충도는 3~4종류에 이르고, 그림 품평에 참여한 인사는 10명이 넘는다. 초충도가 사임당의 예술세계를 대표하는 작품으로 자리잡은 것이다.

사임당의 초충도와 『시경』의 「초충」을 가장 먼저 연결시킨 사람은 김진규다. 숙종의 원비 인경왕후의 오빠이기도 한 그는 양양부사 정필동의 요청으로 1709년 초충도 7폭에 발문을 썼다.

> 이른바 여자의 일이란 베 짜고 길쌈하는 데 그칠 뿐, 그림 그리는 일은 하지 않았다. 그런데 부인의 재주 있는 것이 여자 교육을 소홀히 한 것과 무슨

관련이 있겠는가? 진실로 타고난 재주가 총명하여 여기까지 온 것이리라. 옛 사람이 이르되 "그림과 시는 서로 통하는 것이라" 하였다. 시도 부인이 할 일은 아니지만 『시경』에 있는 「갈담葛覃」 「권이卷耳」 같은 것은 저 거룩한 부인(문왕의 어머니 태임)이 지은 것이다. 또한 그 덕화를 입은 제후의 부인들이 「부이芣苢」 「채번采蘩」 「채빈采蘋」 같은 시를 지었다. 또 여자가 지은 것으로 「초충草蟲」 편이 있는데, 이 그림이 바로 그것을 그려낸 것이거늘, 어찌 베 짜고 길쌈하는 일 외의 일이라고 업신여길 수 있겠는가?[79]

이에 의하면 여자는 무엇보다 베 짜고 길쌈하는 일을 주 임무로 삼아야 하기에, 그림은 여자의 일이 아니었다. 그렇다고 하지만 사임당은 여자의 일을 다 하고 난 뒤 그림을 그렸기에 문제가 되지 않는다는 것이다. 예컨대 시를 짓는 것 역시 여자의 일이 아니지만, 옛날의 '성모聖母'들은 시를 짓기도 했다. 「갈담」과 「권이」 같은 시가 그것이다. 이 시의 주인공은 유교적 부공婦功과 부덕婦德을 체현한 인물로 이해되어왔다. 여기서 김진규는 두 시를 문왕의 어머니 태임이 지은 것이라 하여 자연스럽게 사임당과 연결시켰다. 사임당이라는 당호는 '태임을 본받는다'는 뜻을 담고 있어 그 연결에 더욱 힘이 실린다.

제후의 부인들이 지었다고 하는 「부이」 「채번」 「채빈」 「초충」 같은 시들은 각각 질경이, 다북쑥, 마름풀, 고사리 등을 캐면서 부른 노동요다. 이처럼 김진규는 사임당의 초충도를 설명하기 위해 부녀의 노동과 관련된 시들을 끌고 왔다. 이것은 그림이 여자의 일이 아니었기에 사임당은 부모의 영으로 '마지못해' 그렸다고 한 송시열의 해석을 염두에 둔 것이다. 사임당의 그림은 『시경』 및 고대 성인들의 가르침을 형상화한 것이기에 부덕을 실천한 결과물의 일종이라는 주장이다.

사임당의 그림이 『시경』 속 성녀들의 행위를 형상화한 것이라는 김진규의 생각은 시간이 갈수록 정설로 굳어졌다. 2년 뒤 1711년에 신정하는 초충도 7폭에 대한 장편의 시를 지었다. "고이 앉아 종이 위에 붓 던질 때 그림을 그리려고 한 것은 아니고, 「갈담」과 「권이」에서 읊은 것을 본떠 그려내니 소리 없는 시로구나!"라고 하였다. 사임당이 『시경』을 읽고 그림으로 옮겨본 것일 뿐이라는 주장은 거듭 인용되면서 하나의 진실이 되었다. 신정하에 의하면, 여성의 일이란 그것이 무엇이든지 여성의 역할을 체현하는 가운데 있어야 한다. 따라서 부덕에 충실했던 사임당은 서화가로만 이름이 난 위부인衛夫人, 관부인管夫人 같은 이들과 비교도 할 수 없을 정도로 훌륭하다는 것이다.[80] 즉 아무리 훌륭한 화가라 하더라도 여성은 가족 속에서 그 의미를 찾아야 한다는 말이다.

신경도 사임당의 초충도가 『시경』을 본뜬 것이라고 보았다. 신정하의 조카인 그는 숙부의 시를 그대로 받아 자신의 발문에 옮겨 적으며, "숙부의 시어詩語들은 사임당의 그림을 너무나 잘 형용한 것이라 더이상 손댈 게 없다"[81]고 하였다.

왜 사임당은 초충도를 그렸을까. 김진규, 신정하, 신경에 의하면 사임당의 초충도는 옛날 문왕 어머니가 지은 시를 본떠서 그려낸 것이다. 18세기에 나온 사임당의 초충도와 『시경』의 시 「초충」을 연결한 서술은 19세기에도 그대로 응용된다. 1861년에 사임당의 매화 그림에 발문을 쓴 신응조는 사임당의 시를 『시경』의 정신과 결부시켰다. "신부인의 「사친思親」은 역시 '천수泉水'와 '죽간竹竿'의 여운이라. 모두 인륜의 지극한 정서에서 출발해 예의에서 그친 것이다"[82]라고 하였다. '천수'와 '죽간'은 『시경』의 편명인데, 이것과 사임당의 시를 연관지음으로써 그녀의 정신세계를 드높이는 효과가 있다. 그 역시 사임당의 그림 자체에 집중한 서술은 아니었다. 그에 의하면 사임당은 "예법과 제사를 받든 뒤 남는 힘으로 또는 음식하고 베 짜는 겨를을 타서 붓을 들고 그 묘한 솜씨를 움직여본 것이다".[83]

신응조에 의하면, 사임당은 화가이기 이전에 덕과 예를 갖춘 도덕적 여성이었다. 사임당의 그림은 제사를 받들고 빈객을 대접하며 음식을 장만하고 의복을 제조하는 등 부녀가 해야 할 모든 일을 하고 난 후 여가를 활용해서 솜씨를 한번 움직여본 것이다. 이러한 서술이 반복되는 과정을 통해 담론은 진실이 되는데, 그 결과 역사 속의 한 인물은 실재로부터 멀어지고 점점 추상화되어갔다.

중국에는 후부인, 조선에는 신부인

율곡의 사람들은 신사임당의 권위를 높이는 방법으로 후侯부인과의 동질성을 부각시켰다. 후부인은 이정二程의 어머니로, 부덕의 모범으로 일컬어지던 여성이다. 이정, 곧 두 정程씨는 주자학의 선하先河이자 중국 북송대의 대학자인 정호程顥, 1032~1085와 정이程頤, 1033~1107 형제를 가리킨다. 이들이 송대 성리학을 연 대학자가 된 것은 그 어머니의 가르침이 있었기 때문이다. 신부인을 후부인에 비유한 것은 율곡과 이정을 동일선상에 놓는 효과를 주었다.

사임당을 최초로 중국의 후부인과 연결지은 사람은 송시열이다. 그는 1659년에 쓴 사임당의 난초 그림 발문에서 "부인의 어머니됨과 선생의 아들됨이 진실로 근본과 가지가 서로 전승한 것임을 알게 하라"고 한다. 그렇게 하여 유독 정자程子, 정호와 정이의 존칭 집안에만 전해오는 '어머니와 아들'의 아름다운 이야기를 율곡 집안도 나눠 가지라고 주문한다.[84] 훌륭한 아들을 둔 후부인이 상곡군군上谷郡君에 추봉되며 모자 관계의 신화를 만들었는데, 송시열은 이 모델을 통해 율곡과 사임당의 신화를 만들려고 한 것이다.

송시열에게 후부인은 부덕의 전형이었다. 그는 후부인을 신부인과 결부시키기 전에도 여러 차례 언급한 바 있다. 1658년에는 임금과 소대召對한 자리에서 후부인의 교훈을 소개해 효종의 감동을 얻어냈고,[85] 자신의 고모 송씨의 전기에서도 담대한 성품의 그녀가 후부인과 닮았다고 했다.[86] 1676년에 쓴 산수도 발문에서는 이렇게 말한다.

저 신부인의 어진 덕이 큰 명현名賢을 낳으신 것은 저 중국 송나라 때 후부인이 이정 선생을 낳은 것에 비길 만합니다. 후부인의 행장에 의하면, 부인은 "부녀자들이 글이나 글씨를 남에게 전하는 것을 마땅하지 못한 것으로 여겼다"고 했는데, 신부인의 생각도 그와 같았을 것입니다. (…) 가령 저 후부인의 글씨가 있다고 합시다. 명도 선생 형제는 결코 어버이의 뜻을 어기어 남에게 그것을 전해 보이고 또 시인을 시켜 그 원본 위에다 시를 쓰게 하지는 않았을 것입니다. 저는 이 점이 매우 의심스럽습니다.[87]

여기서 송시열은 "부인의 글은 남에게 보이지 않는다"고 한 후부인의 원칙을 사임당에게 적용했다. 후부인이 그랬던 것처럼 신부인도 자신의 글이나 그림을 남에게 보이거나 후세에 남길 의도가 없어야 했다. 송시열이 처음으로 제기한 후부인과 신부인의 유사성은 송시열의 사람들에 의해 내용이 계속 보완되면서 정론으로 다져졌다.

이로부터 60여 년이 지난 1715년에 사임당의 파트너로 후부인이 다시 등장한다. 정호는 "큰 인물을 낳고 길러 꽃다운 이름을 백대에 끼쳤으니 그 덕을 옛날 이천伊川, 정이의 호 선생의 어머니 후씨 부인에 비기는 것이 마땅하리라"[88]라고 하였다. 정호는 송강 정철의 현손으로, 송시열 문하의 뛰어난 학자였다. 글씨와 시문에 뛰어났던 그는 일생을 노론의 선봉으로 활약했다.

더 나아가 정호는 신부인과 후부인의 우열을 가리고자 한다.

이 그림은 사임당 신부인의 작품이다. 부인은 훌륭한 덕행을 갖추고 대현(율곡)을 낳아 기르셨는데, 이 점은 진실로 후씨 부인에게 뒤지지 않는다고들 한다. 그런데 지금 이 그림첩을 보니 재주가 탁월하고 예술이 우뚝한데, 이것은 후씨 부인에게서 듣지 못한 바다. 이와 같다면 어찌 덕을 갖추고서도 모든 일에 능한 분이라 아니할 수 있겠는가?[89]

정호는 두 부인이 큰 인물을 낳아 길렀다는 점에서는 같지만, 개인의 재능과 예술성을 잣대로 하면 사임당이 후부인에 앞선다고 주장한다.

"저 옛날 정자의 어머니 후부인의 기러기 시와 같이 바른 성정에서 우러난 것이니 어찌 경모하지 않을 수 있겠는가?"[90] 강릉 사람이 소장하고 있던 사임당의 그림첩을 손에 넣고 그 감동을 쓴 유언길의 말이다. 송근수는 매화 그림을 품평하면서 "송나라 이정의 어머니와 짝할 만한 분에게서 나온 것"[91]이기에 훌륭하지 않을 수 없다고 했다.

"신부인이 후부인을 닮았다"는 주장이 있은 지 2백여 년 후, 그간의 모든 이야기를 종합한 '완성본'이 나온다. 신응조가 1861년에 쓴 매화 그림 발문이 바로 그것이다.

후부인은 경서와 사기를 많이 읽어 고금의 역사를 널리 알았다. 부인은 글을 좋아했지만 시나 문장을 짓지는 않았다. 또 부녀자들이 쓴 문장이나 글씨 같은 것이 남에게 전해지는 것을 아주 그릇된 일이라고 했다. 그런데 그 아들 정선생은 어머니의 '명안시鳴雁詩'를 가전家傳에 올려놓았다. 사임당 신부인 역시 경전에 통하고 문장을 잘했으며 글씨를 잘 썼는데, 그것을 아들 율곡 선생이 자세히 서술하고 어머니의 '사친시思親詩'를 기록했다. 또 부인이 일곱 살 때부터 저 안견의 그림을 본떠서 그린 산수도가 극히 정묘했다는 것과 포도 그림은 세상에서 아무도 흉내낼 수 없었다는 것, 부인의 그림 족자와 병풍이 세상에 전한다는 사실까지 아들 율곡은 적어놓았다. 아, 신부인을 어머니 삼은 이선생이 있음과 후부인을 어머니 삼은 정선생이 있음이 어찌 그리 같은고! 두 부인이 어진 대학자로서 아들을 삼은 것이 같고, 두 선생이 부인의 덕과 아름다움을 자세히 적어둔 것이 같고, 두 부인의 도덕이 높고 예술이 정묘함도 같으니 어찌 그리 장하신고![92]

신응조에 의하면, 두 부인은 각자 재능이 있었지만 스스로를 드러내지 않은, 부인으로서의 미덕을 갖춘 분들이다. 그럼에도 그들의 작품이 세상에 알려진 것은 아들들이 어머니를 기록했기 때문이다. 이것은 이중적인 효과를 기대할 수 있는 해석이다. 즉 부인이 갖추어야 할 겸손과 낮춤의 미덕을 두 부인 모두 실천했다는 것을 보이면서, 아들을 훌륭하게 만들면 그 재능이 저절로 드러나게 됨을 설파하는 것이다.

후부인과 신부인의 비교는 율곡의 학문적 위치를 정하기 위한 맥락에서

17세기 후반 송시열이 '발명'한 것인데, 2백여 년 후 신응조 역시 이를 이어 나간다. 하지만 그 과정에서 약간의 차이가 생겨났다. 송시열은 사임당이 후부인과 같은 반열에 올라야 한다는 당위성을 말한 반면, 60여 년 후 정호는 개인의 재주와 예술성을 잣대로 하면 사임당이 후부인보다 더 우월하다고 했다. 그리고 2백여 년 후 신응조는 두 부인의 행적은 궁극적으로 같고, 그 아들들이 어머니를 기록으로 남긴 사실 또한 같다고 했다.

사임당을 후부인과 비교한 목적은 궁극적으로 사임당이 부덕을 갖춘 여성이라는 것을 강조하기 위함이었다. 다시 말해 부덕의 전형을 중국에 두고 조선을 거기에 맞추는 방식이었다. 18세기에 권헌이 주장한 바도 이러한 맥락이다. 그는 왜 신부인이 호를 '사임'이라 했는지, 그녀의 업적이 '문명'의 중국과 어떻게 비교될 수 있는지 설명하는데 사실은 주장에 가깝다.

> 신부인은 주나라의 태임과 태사의 덕을 사모해 스스로 '사임'이라 했다. (…) 어질면서 또한 지혜로웠고 그림을 잘하였는데, 그림에서는 그리지 못하는 게 없었다. 옛날에 장강莊姜과 허목許穆 부인은 『시경』에 그 작품을 실었다. 군자 중에는 시에 뛰어난 사람이 많지만 부인들은 그렇지가 못했다. 그런데 신부인은 산수와 초목, 벌레, 물고기, 구름과 안개 등 그리지 못한 것이 없고, 그윽한 곳에서 나온 그 정을 실었으니 풀 한 포기 사물 하나하나가 성정이 아닌 것이 없다. 우리가 이분을 어찌 장강이나 허목 부인보다 못하다고 할 수 있는가.[93]

사임당은 다시 태임과 태사, 장강과 허목 부인과도 비교되었다. 이들은 모두 중국 고대 여성의 모델로 『열녀전』에 기록된 인물들이다. 여기서 사임당의 그림 재능은 『시경』에 작품을 실은 중국의 그녀들에게 결코 뒤지지 않는다. 이렇게 중국 성녀들과 비교해 조선의 우월성을 확보하려는 서술의 중심에 사임당이 배치되었다.

권헌에 의하면 사임당은 모성과 부덕의 상징인 태임과 태사를 닮고자 스스로 호를 사임이라 지었다. 그는 사임당의 호를 사임師任이 아닌 사임師姙으로 표기하고 있다. 그런데 사임당이라는 당호를 스스로 썼다는 권헌의 주장에 대해서는 이견이 있을 수 있다. 사실 사임당이라는 당호는 17세기 송시열에서 처음 쓰였고, 18세기가 되어서야 일반적으로 통용되었기 때문이다. 또 1백여 년이 흘러 19세기 문신 윤종의는 "부인께서 저 옛날 문왕의 어머님 태임의 덕을 본뜬 것임을 우러러볼 수 있다"[94]고 하였다.

이런 식으로 사임당 그 자신과 후세 사람들의 요구가 모호하게 뒤섞였다. 사임당 이야기의 역사가 깊어질수록 무엇이 사임당에 속한 사실이고 무엇이 사임당에 관한 담론인지 구별하기가 쉽지 않게 된 것이다.

4

교육가 또는 효녀

사임당과 친정어머니 용인 이씨 그리고 아들 율곡, 이 세 사람은 생물학적인 관계로는 완전히 설명되지 않는 특별한 감정으로 이어져 있다. 진사 신명화가 다섯 딸 중 유독 둘째딸 사임당을 시집으로 떠나보내지 않고 함께 살고 싶다고 한 것만 봐도 그녀의 성품을 짐작할 수 있다. 부모에 대한 감정적 유대감과 친밀감이 매우 강했음을 알 수 있다.

자녀 교육에 성공한 어머니

현대에 소비되는 신사임당의 강력한 이미지는 자녀 교육에 성공한 어머니상이다. 성공한 교육 신화의 수요에 부응하는 이야기들이 그녀를 통해 강조되고 새롭게 만들어지기도 한다. 그런데 사임당은 정말로 우리가 알고 있는 것처럼 자녀 교육에 온 힘을 쏟았는가.

사임당에겐 일곱 명의 자녀가 있었다. 「선비행장」을 쓴 율곡을 제외하면 어머니 사임당을 기억하거나 어머니에 대한 기록을 남긴 자녀는 없다. 오직 율곡이 쓴 「선비행장」만 존재한다. 게다가 7백여 자로 구성된 이 행장에서 자녀 교육에 대한 내용은 "자녀유과즉계지子女有過則戒之" 일곱 자에 불과하다. "자녀가 잘못을 저지르면 곧바로 꾸짖었다"는 것이다. 나머지 99퍼센트는 어머니의 성품이나 재능, 그 부모에 대한 태도와 마음, 가족 및 주변인에 대한 자세 등 포괄적 영역에 대한 기록이다. 이것은 사임당의 삶에서 교육이라는 이름으로 자녀에게 매달릴 시간과 여유가 따로 주어지지 않았음을 뜻한다. 다시 말해 직접 교육을 행했기보다 사임당 자신의 삶과 생각이 곧 자녀들에게 교육적인 효과로 이어졌다고 해야 할 것이다.

사임당은 '어머니 교육'의 이미지로 지속적인 지지를 받아왔는데, 그렇게 되기까지의 연원을 확인해볼 필요가 있다. 사실 사임당을 자녀 교육과 연결시킨 것은 그녀 사후에 전개된 율곡과 사임당 높이기 프로젝트의 일환이다. 이 주제는 당대의 수요에 부응하며 서서히 진행되었다. 그것은 모자 관계를 친밀하게 설정하는 방식에서부터 출발해 점차 교육의 담론으로 이동해 왔다.

먼저 사임당이 용의 꿈을 꾸고 아들 율곡을 낳았다는 신이神異한 이야기부터 살펴보자. 율곡의 출생 이야기는 그의 사후에 나온 김장생의 「율곡행장」에서 처음 언급되었다. 이 이야기는 그후 지속적으로 인용되면서 사실화되었다. 각 인사들이 제시한 율곡의 출생 이야기를 정리해보자.

- 선생이 태어날 때, 신씨 부인의 꿈에 용이 아이를 품 안에 안겨준 까닭에 어렸을 때 이름을 현룡이라 하였다. (김장생, 「율곡행장」)
- 선생을 낳으려는 날 저녁, 신씨 부인의 꿈에 흑룡이 바다에서 뛰쳐나와 침실로 날아들어왔다. (이정구, 「율곡시장栗谷諡狀」)
- 신부인이 임신했는데, 꿈에 바다의 용이 방으로 날아들어와 아이를 안아다 부인의 품에 넣어주었는데, 곧 아들을 낳았다. (이항복, 「율곡비명栗谷碑銘」)
- 흑룡이 침실에 날아드는 꿈을 꾼 후 율곡을 낳았다. (김집, 「율곡묘지명」)

율곡 숭앙이 정점에 이르는 18세기에는 사임당이 율곡을 낳은 이야기가 더욱 신비화되었다. 노론의 선봉에 섰던 정호는 율곡이 태어나던 날 흑룡이 날아들고, 율곡이 세상을 떠나던 날 또 흑룡이 날아오르는 꿈을 꾸었다는 이야기가 전한다고 소개하면서, "이것은 공자가 탄생할 때 기린이 모습을 보인 것과 서로 부합하는 것이겠지요?"[95]라고 하였다. 사임당의 꿈에 나타난 용은 성인의 탄생을 알린 상서로운 조짐임을 말하고 싶었던 것이다.

이러한 이야기는 좀더 교육적 의미가 강한 태교 이야기로 발전하는데, 그 이야기는 사임당이 세상을 뜬 지 150여 년 후에 나온다. 1709년 김진규로부터 시작된 이야기다. 그는 "부인은 시에도 밝고 예법에도 익어 율곡 선생의 어진 덕도 실상은 그 어머니의 태교로 된 것"[96]이라고 하였다.

여기서 율곡의 뿌리는 그 어머니의 태교에 있다는 또하나의 진실이 만들어졌다. 태교는 잉태 담론에 비해 교육적 의미가 더 크다. 사실 '태임을 본받다'라는 뜻을 가진 당호 사임 자체가 태교와 연결될 수 있는 용어다. 고대 문왕의 어머니 태임은 태교에 성공한 어머니로 역사에 이름을 전하고 있기 때문이다. 『열녀전』에 태임이 행했다는 태교 내용이 소개되어 있는데, "눈으로는 나쁜 것을 보지 않고, 귀로는 악한 소리를 듣지 않고, 입으로는 오만한 말을 하지 않으며, 기거 동작에 절도가 있었다"는 것이다.

또한 허회는 "이것으로 부인의 성품과 행동을 알 수 있으니 하물며 천지간의 원기를 얻어 진유眞儒, 유학의 진리를 터득한 참된 선비를 낳음에야? 율곡 선생을 낳으심이 당연하도다"[97]라고 하였다. 천지의 원기는 인간이 어찌할 수 있는 영역이 아니지만, 인간 어머니가 준비되어 있지 않고서는 그 기운을 얻기 어렵다는 것이다. 결국 태교와 연결되는 말이다.

교육가로서 사임당의 이미지는 18세기 초부터 나오는데, 그것은 "자녀들에게 허물이 있으면 곧바로 꾸짖었다"는 율곡의 기록보다 더 풍부하고 구체적이다. 김진규는 "율곡이 어렸을 적에 형제들이 부모를 모시고 같이 사는 그림을 그렸다는데, 그것 역시 붓과 벼루를 들고 어머니를 모시고 노는 가운데 얻어진 것이다"라고 하였다. 이것은 사임당의 교육 방법을 말해주는데, 자녀들을 모아놓고 서로 담소하고 노는 가운데 글씨 쓰고 그림 그리는 것을 학습하도록 한 것이다. 사임당은 자녀들에게 "흐르는 물의 근원이자 가지의 뿌리"[98]였던 것이다.

강릉 오죽헌을 방문한 김창흡은 그곳에서 살아 숨 쉬는 교육 현장을 확인하는 듯한 기분을 느꼈다. 그는 강릉 오죽헌을 시로 노래하며 "어진 학자 나신 고을 동해 바닷가, 예부터 전해오던 교육의 고을(孟氏隣), 그 어머니였기에 그 아들 낳아 우리 학문에 그분 계심이 얼마나 다행이던고"[99]라고 하였다. 김창흡은 강릉을 '맹씨린孟氏隣', 즉 '맹씨의 이웃'이라 하였다. 그렇게 명명한 까닭은 맹모지교의 고사 때문이다. 덕분에 사임당은 '교육가'로 연상되었다. 김창흡이 가진 영향력으로 인해 그의 시는 이후 인사들에게 거듭 인용되었다.

사임당을 교육 주체로 보는 시각은 사임당 이야기가 풍부해지면서 나온 것이다. 교육을 잘한 훌륭한 어머니는 율곡을 특별하게 해주는 조건이 되기도 하지만, 사임당에게도 상당한 '권력'을 준다. 어머니를 교육가로 설정하는 것은 양육자나 조력자로 설정하는 것과 차원이 다르기 때문이다.

권헌은 "율곡을 교육하여 마침내 성취를 이루었도다"[100]라고 했는데, 이것은 사임당을 자녀 교육에 성공한 어머니로 보는 것이다. 1세기 후 신석우는 사임당을 "세상에 이름을 떨친 큰 현인을 낳고 길러 그 정통 근원과 곁으로 퍼진 갈래들이 늠실늠실 흐르고 통하게 한"[101] 그런 어머니로 기술했다. 이러한 과정을 거쳐 사임당은 '어머니 교육'의 대명사가 되었고, 그들이 살았던 강릉은 교육의 공간이 되었다.

지극한 효녀

사임당을 바라보는 다른 시선도 있다. 율곡과의 관계보다는 늙은 어머니를 보살핀 효녀로서의 사임당에 큰 비중을 둔 인사가 있는데, 바로 유언길이다. 그는 사임당이 중년에 이르기까지 친정어머니 곁을 떠나지 않은 점을 드러냈다. 이 사실은 율곡의 「선비행장」에도 이미 나와 있지만, 노론 계열 인사들은 이 부분에 대해 의도적으로 침묵해왔다. 유언길은 사임당이 그림을 그린 이유를 부덕의 체현이 아니라 효심의 발현으로 보았다.

> 부인의 성품이 지극히 효성스러워 대관령 위에서 구름을 바라보며 읊은 시는 효자들로 하여금 눈물을 짓게 하기에 충분하다. (…) 부인은 어려서부

터 거의 중년에 이르기까지 어머니 곁에서 생활했다. 생각건대 그가 붓을 놀릴 적에 꽃과 과일, 풀벌레 따위가 살아 움직이고 날고 뛰는 듯하니, 늙으신 어머니의 주름진 얼굴을 펴게 하기에 충분했다. 부인의 그림이 효심에서 우러난 것임을 알 수 있다.[102]

유언길은 사임당이 그림을 그린 이유를 노모의 '주름진 얼굴'을 펴기 위한 효행의 발로로 보았다는 점에서 색다르다. 사임당을 효녀로 본 유언길의 시각은 그가 속한 노론 계열 인사들과는 시각이 달랐다. 시집간 여자가 친정에 남아서 생활했다는 것이나 시부모가 아닌 친정 모친을 위해 자식으로서의 도리를 충실히 행했다는 것은 사실 18세기 후반의 가족 정서에 딱 들어맞는 것은 아니다. 유언길은 노론 계열의 다른 인사들과 달리 제도권에서 벗어나 있었다. 그래서 규범적 인식으로부터 자유로울 수 있었고, 남들과는 다른 지점을 포착할 수 있었을 것이다.

사실 율곡이 본 어머니의 평소 모습은 늘 부모를 생각하는 효녀였다. 율곡이 7백여 자로 작성한 「선비행장」에서 어머니 사임당의 효성과 관련된 내용은 모두 일곱 항목이다.

• 어머니는 부모가 편찮으시면 안색에 그늘이 졌다가 완쾌된 다음에야 본래대로 회복하셨다.

• 강릉 친정에 갔다가 돌아오실 때 외할머니와 눈물을 흘리며 이별하셨다.

• 대관령 중턱에 올라왔을 때, 어머니는 친정 마을인 북평을 바라보며 외할머니를 그리는 정을 못 이겨 수레를 멈추고 한참 있다가 슬피 눈물을 흘리며 시를 한 수 지으셨다.

• 외할머니와의 이별을 슬퍼하는 시를 지으셨다.

• 서울에 살 때 어머니는 늘 강릉을 그리워하여 깊은 밤 고요할 때면 눈물을 흘리고, 때로는 새벽까지 잠을 이루지 못하셨다.

• 친척의 시첩이 와서 연주하는 거문고 소리를 듣고 외할머니 생각에 눈물을 흘리셨다.

• 외할머니를 그리워하는 시를 지으셨다.

사임당은 또 강릉의 어머니를 그리며 "밤마다 달을 보며 비나니, 생전에 다시 뵙게 해주소서"라는 시를 지었는데, 이에 대해 율곡은 "어머니의 효심은 하늘에서 내린 것이리라"라고 했다. 그런 점에서, 사임당을 효녀로 본 유언길이야말로 사임당의 참 모습을 가장 잘 파악한 사람인지도 모른다.

율곡은 어머니가 그토록 그리워한 외조모에게 아낌없는 정을 표현했다. 어머니의 마음이 아들에게 고스란히 전해졌다고 할 수 있다. 율곡은 외조모 용인 이씨에게 올리는 글 세 편을 썼는데, 「외조모 이씨의 묘지명外祖妣李氏墓誌銘」「외조모 이씨에게 올리는 제문祭外祖母李氏文」「이씨감천기李氏感天記」가 그것이다. 조모 홍씨나 부친 이원수 공에 관한 글이 한 편도 없는 것과는 대조적이다. 1569년 34세 때 율곡은 홍문관 교리에 제수되었는데, 외조모의 봉양을 위해 사직을 요청한다. 어머니 사임당이 세상을 떠난 지 18년 지난 때였다.

사직 상소에서 율곡은 자신을 길러준 외조모가 강릉에 사는데, 늙고 병든 데다 자식이 없으니 벼슬을 내놓고 돌아가 봉양하길 원한다고 한다. 이에 선조는 "몸은 조정에 두고 왕래하면서 보살필 수 있는데, 어찌 벼슬까지 그만두려 하는가?" 하고, "외조모를 가 뵙는 것은 법례에 없다고 하나 이이만은 특별히 명하노니 가 뵙도록 하라"[103]고 하였다.

외가에서 양육을 받으며 어린 시절을 보낸 율곡에게 외조모와 외손자라는 말은 그저 명칭일 뿐이고, 애틋한 정은 어머니와 아들 사이 못지않았다. 더구나 어머니를 일찍 여읜 그에게 외조모는 어머니를 대신할 각별한 존재였다. 그런데 벼슬에 매인 몸이 되고부터는 대관령의 험한 산길에 막혀 소식이 아득해 쉽게 뵐 수가 없었다. 이에 율곡은 마을 문에 기대어 자신을 기다릴 외조모를 생각하며 벼슬을 버리고 돌아가기에 이른다. 외조모에게 올린 제문에 나오는 내용이다.[104]

사임당과 친정어머니 용인 이씨 그리고 율곡, 이 세 사람은 생물학적인 관계로는 완전히 설명되지 않는 특별한 감정으로 이어져 있다. 진사 신명화가 다섯 명의 딸 중 유독 둘째딸 사임당을 시댁으로 떠나보내지 않고 함께 살고 싶다고 한 것만 봐도 그녀의 성품을 짐작할 수 있다. 부모에 대한 감정적 유대감과 친밀감이 매우 강했음을 알 수 있다. 하지만 사임당의 삶과 생각의 많은 부분을 차지하는 효심은 17세기 이후 근대 이전 3세기 동안 전혀 주목받지 못했다.

유언길이 사임당을 남들과 다른 시각으로 볼 수 있었던 까닭은 우선 그가 「선비행장」이라는 1차 자료에 충실했다는 점, 그리고 대다수 주류 인사와 다른 삶의 조건에 놓여 있었다는 점에서 찾을 수 있지 않을까. 제도권을 벗어나 세상과 인연을 끊고 은일의 삶을 산 유언길은 사상적 경향 또한 규범보다는 인정人情을 중시했다. 이것은 그가 "사임당의 시나 그림은 인간 본연의 성정에서 저절로 우러난 것이기에 공경할 수 있다"고 한 점과도 통한다.

효녀 사임당은 17세기 이후 유교적 예禮 질서가 공고해지고 가부장적 가족 문화가 심화되는 흐름 속에서 퇴출될 수밖에 없었다. 딸의 역할보다 며느리의 역할이 강화되었던 사회 분위기에서 이는 자연스러운 귀결이었을 것이다.

5

만들어진 기억

무엇보다 사임당에게는 수준 높은 그림을 그린 화가이자 대학자를 낳은 어머니라는 유혹적인 두 가지 사실이 있었기에, 다양한 이야기로의 변주가 가능했을 것이다. 자료의 대부분은 사실에 대한 것보다 '그녀에 대한 이야기'다. 누가, 무엇을 위해, 어떻게 사임당을 이야기하는가.

근대 이전 4세기 동안 40명 넘는 사람이 사임당에 관한 글을 썼다. 그들은 주로 제題, 발跋 등의 형태로 된 그림 품평 글을 통해 사임당을 이야기했다. 이 이야기들에는 예술과 정치와 여성을 보는 관점이 복합적으로 얽혀 있는데, 어느 요소에 더 비중을 두었는가는 사람마다 시대마다 조금씩 달랐다. 어떤 이는 화가 사임당에 주목했고, 어떤 이는 여성 사임당에 집중했다. 또 어떤 이는 사임당을 통해 자신들의 정치적 목적을 관철하고자 했다. 그것은 개별적인 차원이기보다 특정한 그룹을 통해 담론을 형성하는 방식이었다.

사임당의 이야기는 시대에 따라 차이를 보이는데, 그가 살았던 16세기에는 그림에 주목하는 경향이 주를 이루었다. 사임당의 그림을 품평한 소세양, 정사룡, 어숙권 등은 그녀의 시종숙 이행과 가까운 문화·학술계 인사들이었다. 그들은 예술적 관심사를 공유하면서 친밀감을 나누는 사이였다. 율곡의 이름이 아직 나오지 않았던 시대에는 사임당의 그림이 이행을 통해 유통되었음을 알 수 있다.

17세기의 사임당은 율곡을 종주로 한 서인의 결집이 요청되던 시대의 산물이다. 처음에 사임당은 행장이나 비지 등의 율곡 관련 서술에서 그의 어머니로 언급되다가, 후반으로 가면서 구체적인 그림 작품과 함께 부덕을 갖춘 여성으로 서술된다. 송시열의 노력으로 사임당과 율곡은 모범적인 모자로 역사에 이름을 올리는데, 이것은 서인들에게 이념적인 정통성을 담보해주는 중요한 부분이었다.

노론이 정국을 주도하다시피 한 18세기에는 사임당의 인기가 가히 폭발적이었다. 송시열의 문인이거나 그로부터 파생된 정통 서인 계열 인사들은 경쟁하듯 사임당의 그림에 관심을 표명했다. 그들은 대폭 늘어난 전傳 사임당의 그림을 감상하는 가운데 당파적 결속을 다졌던 것이다. 사임당이 동인 계열 인사들에게 아무런 주목도 받지 못한 것을 보면 분명 그녀는 율곡을 종주로 하는 서인의 전유물이었다. 여기서 사임당은 유교 윤리로 재구성되며 중국 고대의 성녀들과 맞먹는 위상을 갖게 된다.

19세기의 사임당 이야기는 후손인 신씨와 송시열의 후손들이 주도했다. 이 시기의 이야기는 새롭다기보다 기존에 나온 내용을 종합하면서 심화한 것이다. 그들은 노론에 연원을 둔 인사들이었지만 당파적 결속보다는 서화 소장에 대한 관심이 더 컸다. 역사적 인물로 이미 명성이 난 사임당의 작품을 만나거나 소장하는 것이 이 시기의 인사들에게는 매우 의미 있는 일이었다.

한편 사임당 담론을 주도한 노론 계열 인사들은 근기近畿 지역에 살면서 다른 당파에 비해 상당한 부를 축적했고, 그 부를 바탕으로 문화적 특수를 누릴 수 있었다. 이들의 사임당 그림 품평도 회화에 대한 접근이 용이했기에 가능했다. 이들 중에는 서화 수집가나 그림에 조예가 깊은 전문 비평가도 더러 있었다.

사임당 이야기의 재료가 되었던 그림 또한 시대별로 차이를 보였다. 사임당 생존시에는 산수도가 주목받았는데, 율곡도 어머니가 산수도와 포도 그림에 능했다고 하여 이를 뒷받침한다. 그런데 사임당이 세상을 뜬 지 1백 년이 지난 17세기 중반에 이르면, 산수도 외에 난초 그림이 새롭게 등장한다. 그리고 18세기에는 새로운 그림들이 쏟아지듯 나오는데 풀과 벌레, 꽃과 풀, 물고기, 대나무, 매화 등을 소재로 한 그림들이다. 새로운 그림이 많이 나왔다는 것은 사임당에 대한 사회적 수요가 커졌다는 뜻이다. 그림의 수가 늘어나자 진위를 밝히는 것이 그림 품평의 기본 덕목이 되었다. 즉 16세기에는 그림의 내적 가치나 그 예술성에 주목했다면, 17세기와 18세기 전반에는 서인 노론의 정치 이념과 당파적 결속에 그림이 활용되었다. 18세기 후반에서 19세기에 이르면, 작품의 소장 가치와 관련된 진품의 유래를 밝히는 것이 필수적인 요소가 되었다.

사임당이 화가라는 사실은 사임당 이야기를 이끌어온 1차적인 자료다. 따라서 그림이 많으면 이야기도 풍부해지겠지만, 그 반대로 이야기가 풍부해짐으로써 그림이 늘어나는 측면이 강했다. 사임당이 남기고 간 제한적인 작품으로는 그녀의 명성에 부응하는 수요를 감당할 수 없었기 때문이다. 18세기 이후 쏟아진 전 사임당 작품은 이러한 수요 공급의 원리로 설명할 수 있을 것이다. 전칭傳稱 작품이 늘어나는 만큼 그것을 둘러싼 진위 문제가 항상 뒤따랐다.

현재 사임당의 것으로 불리는 작품은 80여 점이 넘는다고 한다. 이 전칭 작품을 모두 사임당이 직접 그렸다고 보아야 할까. 전문가들은 그 작품들은 소재와 기법 면에서 한 사람의 그림이나 한 시대의 그림으로 보기도 어려울 만큼 작품의 양식적인 진폭이나 질적인 편차가 심하다고 한다. 모두 사임당이 직접 그린 진품이라 하더라도 5백 년 가까운 세월 동안 그 작품들이 다 온전히 보존되어왔을지도 의문이다. 2백여 년 전 사임당의 후손들도 작품 보관의 어려움을 실토했는데, 세상에 전하는 선조 할머니의 그림은 대개가 가짜이고 진본은 한두 개라고 고백한 바 있다. 사임당 전칭 작품들의 진위를 구별하고 작품의 예술성을 평가하는 것은 사임당이라는 역사 인물을 제대로 이해하기 위해 반드시 규명되어야 할 문제로 보인다.

그렇다면 사임당의 역사적 의미는 무엇일까. 우리나라 여성의 역사에서 사임당은 어떤 의미를 가진 인물일까. 그림을 재료로 삼아 각 시대는 그녀를 '완벽한 여성'으로 소환했다. 다시 말해 사임당이라는 어젠다는 여성의 사회적 역할을 대변하는 젠더 정치의 구심이었다. 17세기의 이데올로그 송시열은 사임당의 그림을 놓고 "율곡을 낳으심이 당연하다"며 사임당을 부인의 덕을 갖춘 모범 여성이라고 했다. 18세기 인사들은 사임당의 그림이 『시경』의 뜻을 형상화한 것이라 하여 유교적 실천의 한 행위로 보았고, 사임당을 태교와 교육으로 자식을 훌륭하게 길러낸 모범적인 어머니로 부각시켰다. 이러한 과정을 거치며 사임당은 어머니의 이념적 모델이 되었다.

성공한 모든 아들에게는 어머니가 있지만, 그 모든 어머니가 역사에 이름을 올린 것은 아니다. 지난 5세기 동안 그녀는 지속적인 관심 속에서 각 시대를 대표하는 '완벽한 여성'의 이미지를 보여왔다. 근대 이전의 남자들은 그녀를 통해 당파의 결속과 문화적 자존심을 주문했고, 근대 이후 각종 권력은 그녀를 통해 세상의 여자들을 훈계했다. 무엇보다 사임당에게는 수준 높은 그림을 그린 화가이자 대학자를 낳은 어머니라는 유혹적인 두 가지 사실이 있었기에, 다양한 이야기로의 변주가 가능했을 것이다. 자료의 대부분은 사실에 관한 것보다 '그녀에 대한 이야기'다. 누가, 무엇을 위해, 어떻게 사임당을 이야기하는가.

부록

사임당 그림 관련 문헌

부록 1 16세기에 나온 사임당 그림 관련 문헌

지은이	글	출전	사임당과의 관계	대표 관직	그림(소재)
소세양 1486~1562	「동양신씨산수화족 東陽申氏山水畫簇」	『양곡집陽谷集』 권10 『양곡집』 권1	시종숙의 측근	대제학	산수도
정사룡 1491~1570	「제신씨산수도 題申氏山水圖」	『호음잡고湖陰雜稿』 권5	시종숙의 측근	대제학	산수도
어숙권 1480년대	문화계 동향의 글	『패관잡기稗官雜記』 권4	시종숙의 측근 이이의 스승		산수도 포도도
이행 1478~1534	「제화題畫」	『용재집容齋集』 권1	시종숙	우의정	산수도
이문건 1494~1567	1557년 1월 1일 일기	『묵재일기默齋日記』	사돈 노경린 측근	성주 유배	산수도
정유길 1515~1588	「제신씨포도화병 題申氏葡萄畫屏」	『임당유고林塘遺稿』 상	정사룡의 오촌질	좌의정	포도도
이이 1536~1584	「선비행장 先妣行狀」	『율곡전서』 권18	아들	이조판서	산수도 포도도
김장생 1548~1631	「율곡이선생행장 栗谷李先生行狀」	『사계전서』 권6	아들의 문인		없음

부록 2 17세기에 나온 사임당 그림 관련 문헌

지은이	글	출전	대표 관직	그림(소재)	저술 연도
이정구 1564~1635	「율곡선생시장 栗谷先生諡狀」	『월사집月沙集』 권53	대제학 좌의정	미지정	1612
이항복 1556~1618	「율곡선생비명 栗谷先生碑銘」	『백사집白沙集』 권4	영의정	미지정	1615
박미 1592~1645	「병자란후집구장병장기 丙子亂後集舊藏屛障記」	『분서집汾西集』 권11	혜민서제조 선조 사위	대나무도	
김집 1574~1656	「율곡선생묘지명 栗谷先生墓誌銘」	『신독재전서』 권8	재야 학자	서화	1654
이경석 1595~1671	「신부인산수도서 申夫人山水圖序」	『백헌집白軒集』 권30	영의정	산수도	1661
윤선거 1610~1669	「파동기행 巴東紀行」	『노서유고魯西遺稿』 속권3	재야 학자	난초도	1664
송시열 1607~1689	「사임당화란발 師任堂畵蘭跋」	『송자대전宋子大全』 권146	좌의정	난초도	1659
	「서신부인필적후 書申夫人筆蹟後」	『송자대전』 권146		필적	
	「사임당산수도발 師任堂山水圖跋」	『가전화첩家傳畵帖』		산수도	1672
	「신부인화장발 申夫人畵障跋」	『송자대전』 권147		산수도	1676

부록 3 18세기에 나온 사임당 그림 관련 문헌

지은이	글	출전	당색	그림(소재)	연도
김진규 1658~1716	「제사임당초충도후 題師任堂草虫圖後」	『죽천집竹泉集』 권6	노론	초충도(7폭)	1709
신정하 1681~1716	「사임당초충도가 師任堂草蟲圖歌」	『서암집恕菴集』 권3	노론	초충도(7폭)	1711
송상기 1657~1723	「사임당화첩발 師任堂畵帖跋」	『옥오재집玉吾齋集』 권13	노론	초충도(7폭)	1713
숙종 1661~1720	「제모사선정신율곡모소사초충병풍 題模寫先正臣栗谷母所寫草蟲屛風」	『열성어제列聖御製』 권16		초충도(7폭)	1715
정호 1648~1736	「사임당화첩발 師任堂畵帖跋」 「송담서원소장화병발문 松潭書院所藏畵屛跋文」	『장암집丈巖集』 권25 『가전문서家傳文書』	노론	초충도(7폭) 초충도(8폭)	1715
어유봉 1672~1744	「율곡선생모부인신씨화첩후제 栗谷先生母夫人申氏畵帖後題」	『기원집杞園集』 권 11	노론	초충도	
권상하 1641~1721	「제죽과어화첩 題竹瓜魚畵帖」	『근역서화집』	노론	죽竹 · 과瓜 · 어魚	1718
신경 1696~1766	「서사임당수적후 書師任堂手蹟後」	『직암집直菴集』 권10	노론	초충도(8폭)	
조구명 1693~1737	「제의진소장신부인화첩 題宜鎭所藏申夫人畵帖」	『동계집東谿集』 권6	소론	화초도(8폭)	1737
이병연 1671~1751	「사임당포도차운 師任堂葡萄次韻」	『사천시초槎川詩抄』	노론	포도도	
조유수 1663~1741	「제사임당화장자 題師任堂畵障子」	『후계집后溪集』 권4		초충도	
유언길 ?~1743	「포도도발 葡萄圖跋」		노론	포도도	1733
홍양호 1724~1802	「제사임당신씨화폭 題師任堂申氏畵幅」		소론	4폭 그림첩 (꾀꼬리 · 꽃 · 나비 등)	1764
김한록 1722~1790	「사임당화첩발 師任堂畵帖跋」	『한간문집寒澗文集』 권14	노론	화첩	1765
이언유 1711~?	「사임당화매서호지발 師任堂畵梅西湖志跋」		사임당 후손	매화 습작 6폭	1766
권헌 1713~1770	「제사임당화첩 題師姙堂畵帖」 「이군의진댁관사임당신부인제화 李君義鎭宅觀師姙堂申夫人題畵」	『진명집震溟集』 권8 『진명집』 권4	?	초충도 초충도	
이형규 1733~1789	「발사임당친필 跋師任堂親筆」	강릉 오죽헌	강릉 부사	초서	1774
이종휘 1731~1797	「목단병기 牧丹屛記」	『수산집修山集』 권3	소론	초충도	
이긍익 1736~1806	「문예전고 화가편 文藝典故 畵家編」	『연려실기술』 별집 권11	소론	초충도 포도도	

부록 4 19세기에 나온 사임당 그림 관련 문헌

지은이	글	출전	대표관직	인물 특징	그림(소재)	작품 연도
송환기 1728~1807	「사임당수낭발 師任堂繡囊跋」	『성담집性潭集』 권15	이조판서 · 우찬성	송시열 5세손 한원진 문인	자수	1805
허회 1758~1829	「서사임당난매화첩후 書師任堂蘭梅畵帖後」	『염호집濂湖集』 권4	무신	송환기 문인	난초 매화	1821
송근수 1818~1903	「사임당화매첩발 師任堂畫梅帖跋」	『입재집立齋集』 권13	좌의정	송시열 8세손	매화	1869
송병선 1836~1905	「서사임당화매첩후 書師任堂畫梅帖後」	『연재집淵齋集』 권28		송시열 9세손 자결(을사조약)	매화	
신석우 1805~1865	「사임당매화도팔폭발 師任堂梅花圖八幅跋」	『해장집海藏集』 권12	예조판서	사임당 후손	매화	
신응조 1804~1899	「사임당매화도팔폭발 師任堂梅花圖八幅跋」		대사헌	사임당 후손	매화	1861
윤종의 1805~1886	「사임당필적각판발 師任堂筆蹟刻板跋」		강릉부사		글씨	1869
윤종섭 1791~1870	「제사임당필첩 題師任堂筆帖」	『온유재집溫裕齋集』 권2	장악원주부		글씨	

1 송시열, 「묘표墓表 감찰증좌찬성이공묘표監察贈左贊成李公墓表」, 『송자대전宋子大全』 권193.

2 이이, 「잡서 · 이씨감천기雜著 · 李氏感天記」, 『율곡전서栗谷全書』 권14.

3 소세양, 「동양신씨산수화족東陽申氏山水畫簇」, 『양곡집陽谷集』 권10.

4 소세양, 「동양신씨산수화족」, 『양곡집』 권1.

5 정사룡, 「제신씨산수도題申氏山水圖」, 『호음잡고湖陰雜稿』 권5.

6 어숙권, 『패관잡기』 권2.

7 어숙권, 『패관잡기』 권4.

8 이긍익, 「중종조 고사본말」, 『연려실기술』 권9.

9 정사룡, 「화남악창수집발和南岳唱酬集跋」(1554), 『용재집容齋集』 권10.

10 『국조보감』 제18권(중종조 6).

11 『중종실록』 16년(1521) 9월 21일.

12 이행, 「동사집서東槎集序」, 『용재집』 권9.

13 이행, 「제화題畫」, 『용재집』 권1. "人物秋毫杳, 滄波萬里空. 這邊看世界, 還亦一帆風."

14 이문건, 『묵재일기』 1557년 1월 1일.

15 이문건, 『묵재일기』 1559년 1월 18일. "送紙於李珥前求山水圖."

16 이문건, 『묵재일기』 1559년 3월 1일. "李珥 · 瑋等來見, 少ㅁ餠, 珥畫山水於吾紙四丈持來, 夕罷去."

17 정유길, 「제신씨포도화병題申氏葡萄畫屏」, 『임당유고』 상.

18 우성전, 『계갑일록癸甲日錄』 선조 17년(1584) 3월 5일.

19 심수경, 『견한잡록遣閑雜錄』(『대동야승』 권13).

20 이정구, 「율곡선생시장栗谷先生諡狀」, 『월사집月沙集』 권53.

21 이항복, 「율곡선생비명栗谷先生碑銘」, 『백사집白沙集』 권4.

22 박미, 「병자란후집구장병장기丙子亂後集舊藏屏障記」, 『분서집汾西集』 권11에서 인용. "근세 대나무 그림으로 이름난 사람으로 세 사람을 꼽을 수 있는데, 신잠, 유진동, 신

부인이 그들이다."

23 김집, 「율곡선생 묘지명」, 『신독재전서』 권8.

24 송시열, 「사임당화란발師任堂畵蘭跋」, 『송자대전』 권146.

25 이완우, 「사임당과 옥산의 글씨」, 『신사임당 가족의 시서화詩書畵』, 강릉시 · 관동대학교 영동문화연구소, 2006.

26 윤선거, 「파동기행巴東紀行」, 『노서유고魯西遺稿』 속권3.

27 이경석, 「신부인산수도서申夫人山水圖序」, 『백헌집白軒集』 권30.

28 송시열, 「사임당산수도발師任堂山水圖跋」, 『가전화첩家傳畵帖』(이은상, 『사임당의 생애와 예술』, 성문각, 1962, 220~221쪽에서 재인용).

29 김진규, 「제사임당초충도후題思任堂草虫圖後」, 『죽천집竹泉集』 권6.

30 신경, 「숙부서암선생유사叔父恕菴先生遺事」, 『직암집直菴集』 권19.

31 신정하, 「사임당초충도가師任堂草蟲圖歌」, 『서암집恕菴集』 권3.

32 송상기, 「사임당화첩발師任堂畵帖跋」, 『옥오재집玉吾齋集』 권13.

33 정호, 「사임당화첩발師任堂畫帖跋」, 『장암집丈巖集』 권25.

34 어유봉, 「율곡선생모부인신씨화첩후제栗谷先生母夫人申氏畵帖後題」, 『기원집杞園集』 권11.

35 숙종, 「제모사선정신율곡모소사초충병풍題模寫先正臣栗谷母所寫草虫屛風」, 『열성어제列聖御製』 권16(이은상, 앞의 책, 160쪽에서 재인용).

36 정호, 「송담서원소장화병발문松潭書院所藏畵屛跋文」, 『가전문서家傳文書』.

37 신경, 「여명인與明寅」, 『직암집』 권6.

38 채지홍, 「동정기東征記」, 『봉암집鳳巖集』 권13. "早往松潭書院, 拜栗谷先生眞像, 聞院中有思任堂畫軸, 而主人適出, 不得開見, 可歎."

39 이성미, 「栗谷 일가의 繪畵: 師任堂 · 梅窓 · 玉山」, 『신사임당 가족의 詩書畵』, 강릉시 · 관동대학교 영동문화연구소, 2006, 237~239쪽.

40 신경, 「서사임당수적후書師任堂手蹟後」, 『직암집』 권10.

41 조규희, 「만들어진 명작: 신사임당과 초충도」, 『미술사와 시각문화』, 2003, 58~91쪽.

42 이종휘, 「목단병기牧丹屛記」, 『수산집修山集』 권3.

43 이긍익, 「문예전고」, 『연려실기술』 별집 권14.

44 조구명, 「제의진소장신부인화첩題宜鎭所藏申夫人畵帖」, 『동계집東谿集』 권6.

45 권상하, 「제죽과어화첩題竹瓜魚畵帖」, 『근역서화집』 이은상, 앞의 책, 168쪽에서 재

인용).

46 이성미, 앞의 책, 235쪽.

47 이병연, 「사임당포도차운師任堂葡萄次韻」, 『사천시초사』(이은상, 앞의 책, 162~164쪽에서 재인용).

48 유언길, 「포도도발葡萄圖跋」(이은상, 앞의 책, 335~337쪽에서 재인용).

49 홍양호, 「제사임당신씨화폭題師任堂申氏畵幅」(이은상, 앞의 책, 175~176쪽에서 재인용).

50 이언유, 「사임당화매서호지발師任堂畵梅西湖志跋」(이은상, 앞의 책, 193쪽에서 재인용).

51 신석우, 「사임당매화도팔폭발師任堂梅花圖八幅跋」(이은상, 앞의 책, 178~181쪽에서 재인용).

52 허회, 「서사임당난매화첩후書師任堂蘭梅畵帖後」, 『염호집濂湖集』 권4(『역대문집총서』).

53 이형규, 「발사임당친필跋師任堂親筆」(이 발문은 강릉 최돈길 씨 소장 사임당 친필 병풍에 붙어 있다. 이은상, 앞의 책, 115~120쪽에서 재인용).

54 윤종의, 「사임당필적각판발師任堂筆蹟刻板跋」(이 발문은 오죽헌에 보관되어 있는 사임당 친필 모사 판각 끝에 새겨져 있다이은상, 앞의 책, 120~124쪽에서 재인용).

55 윤종섭, 「제사임당필첩題師任堂筆帖」, 『온유재집溫裕齋集』 권2.

56 이완우, 「사임당과 옥산의 글씨」, 『신사임당 가족의 시서화詩書畵』, 강릉시·관동대학교 영동문화연구소, 2006.

57 송환기, 「사임당수낭발師任堂繡囊跋」, 『성담집性潭集』 권15.

58 신석우, 「사임당매화도팔폭발」(이화여자대학교 박물관 소장의 그림에 신응조의 발문과 함께 붙어 있다. 이은상, 앞의 책, 178~181쪽에서 재인용).

59 신응조, 「사임당매화도팔폭발」(이화여자대학교 박물관 소장의 그림에 신석우의 발문과 함께 붙어 있다. 이은상, 앞의 책, 182~185쪽에서 재인용).

60 송환기, 「사임당수낭발師任堂繡囊跋」, 『성담집性潭集』 권15.

61 조구명, 「재의진소장신부인화첩題宜鎭所藏申夫人畵帖」, 『동계집』 권6.

62 신경, 「서사임당수적후書師任堂手蹟後」, 『직암집』 권10.

63 홍양호, 「제사임당신씨화폭題師任堂申氏畵幅」(이은상, 앞의 책, 175~176쪽에서 재인용).

64 이언유, 「사임당화매서호지발師任堂畵梅西湖志跋」(강릉 김재인 씨 소장 매화 습작 6폭 끝에 송근수의 발문과 함께 붙어 있다. 이은상, 앞의 책, 193쪽 참조).

65 이서, 「가전서화첩발家傳書畫帖跋」(이은상, 앞의 책, 131~137쪽에서 재인용).
66 이이, 「선비행장先妣行狀」, 『율곡전서』 권18.
67 김장생, 「율곡이선생행장栗谷李先生行狀」, 『사계전서沙溪全書』 권6.
68 김상헌, 「김장생 묘지명」, 『청음집』.
69 김장생, 「부록附錄」, 『사계전서』 권49.
70 송시열, 「신독재 신도비명」, 『신독재전서』 권19.
71 서정문, 「'율곡비명栗谷碑銘'의 찬술과 개찬 논란 검토」, 『조선시대사학보朝鮮時代史學報』 47집, 조선시대학회, 2008, 52쪽.
72 김집, 「율곡선생묘지명」, 『신독재전서』 권8.
73 송시열, 「사임당산수도발師任堂山水圖跋」, 『가전화첩』(이은상, 앞의 책, 220~221에서 재인용).
74 송시열, 「신부인화장발」, 『송자대전』 권147.
75 공자는 향원을 덕을 해치는 적이라고 하였다("鄕原, 德之賊也." 『논어』, 「陽貨」). 이에 대해 맹자는 향원은 그 마음을 충신忠信한 것처럼 하며, 행위를 청렴결백한 듯이 하지만 혼탁한 세상과 영합하기 때문에 덕을 해치는 자라고 설명하였다(『맹자』, 「진심장」 하).
76 「송도원宋道源에게 답함」, 『송자대전』 권70. "(…) 그 사람[이경석]은 본시 향원이네. 윗사람이건 아랫사람이건 모두에게 아첨하여 좋아하지 않는 사람이 없기 때문에, 당시에 명망이 대단하여 잘못되고 틀린 말일지라도 사람들은 그 말을 신복(信服)하여 쳐 깨뜨리지 않으니, 석가(釋迦)의 해독이라도 이처럼 심하지는 않았을 것이네……"
77 송시열, 「서강릉김씨사효자행록후」, 『송자대전』 권148.
78 "홍문교리弘文校理 이이가 재차 상소를 올려 사직시켜주기를 청하고, 또 자기를 양육해준 외조모가 현재 늙은 나이에 홀로 된 몸으로 강릉에서 지내고 있는데 의탁할 데가 없으므로, 벼슬을 그만두고 돌아가 봉양해야겠다는 사정과 학문이 진취된 뒤에 다시 벼슬을 하겠다는 것을 말했는데, 상이 허락하지 않고 이조에 명하여 이이에게 파격적으로 외조모를 가 뵙는 데 있어서 근친覲親의 예와 같이 하도록 하였다."(『선조실록』, 1569년 6월 1일)
79 김진규, 「제사임당초충도후題思任堂草虫圖後」, 『죽천집』 권6.
80 신정하, 「사임당초충도가」, 『서암집』 권3.
81 신경, 「서사임당수적후」, 『직암집』 권10.
82 신응조, 「사임당매화도팔폭발」(이은상, 앞의 책, 182~185쪽에서 재인용).

83 신응조, 「사임당매화도팔폭발」(이화여자대학교 박물관 소장의 그림에 신석우의 발문과 함께 붙어 있다. 이은상, 앞의 책, 182~185쪽에서 재인용).

84 송시열, 「사임당화란발師任堂畵蘭跋」, 『송자대전』 권146.

85 송시열, 「연보年譜」 2, 『송자대전』 권3.

86 송시열, 「고모송씨전姑母宋氏傳」, 『송자대전』, 권215.

87 송시열, 「사임당산수도발」, 『가전화첩』(이은상, 앞의 책, 220~221쪽에서 재인용).

88 정호, 「송담서원소장화병발문」.

89 정호, 「사임당화첩발」, 『장암집』 권25.

90 유언길, 「포도도발」(서울 박용익 소장 포도 그림에 이병연의 시와 함께 붙어 있다. 이은상, 앞의 책, 335~337쪽 참조).

91 송근수, 「사임당화매첩발師任堂畫梅帖跋」, 『입재집立齋集』 권13(『역대문집총서』).

92 신응조, 「사임당매화도팔폭발」(이화여자대학교 박물관 소장 그림에 신석우의 발문과 함께 붙어 있다. 이은상, 앞의 책, 182~185쪽서 재인용).

93 권헌, 「제사임당화첩題師姙堂畫帖」, 『진명집震溟集』 권8(『역대문집총서』).

94 윤종의, 「사임당필적각판발」(이은상, 앞의 책, 120~124쪽에서 재인용).

95 정호, 「오죽헌중수기烏竹軒重修記」, 『장암집』 권24.

96 김진규, 「제사임당초충도후」, 『죽천집』 권6.

97 허회, 「서사임당난매화첩후」, 『염호집』 권4)(『역대문집총서』).

98 김진규, 「제사임당초충도후」, 『죽천집』 권6.

99 김창흡, 「강릉오죽헌江陵烏竹軒」, 『삼연집三淵集』 권9. "儒賢所出大瀛濱, 古老相傳孟氏隣. 是母眞能生是子, 斯文何幸有斯人."

100 권헌, 「제사임당화첩」, 『진명집』 권8(『역대문집총서』).

101 신석우, 「사임당매화도팔폭발」(이은상, 앞의 책, 178~181쪽에서 재인용).

102 유언길, 「포도도발」(이은상, 앞의 책, 335~337쪽에서 재인용).

103 김장생, 「율곡이선생행장」 상, 『사계전서』 권6.

104 이이, 「제외조모이씨문祭外祖母李氏文」, 『율곡전서』 권14.

'키워드 한국문화'를 펴내며

'키워드 한국문화'는 한국의 역사와 문화를 재발견하는 작업이다. 한국문화의 정수를 찾아 그 의미와 가치를 정리하는 일이다. 한 장의 그림 또는 하나의 역사적 장면을 키워드로 삼아, 구체적인 대상을 통해 한국을 찾자는 것이다. 처음 소개되는 것도 있을 것이고, 잘 알려져 있더라도 이제야 그 진면목이 드러나는 것도 있을 것이다. 영상과 멀티미디어에 익숙한 현대적 감각에 맞추어 시청각자료를 풍부히 활용하고자 했다. 우리 것이니 당연히 알아야 한다는 의무감에서가 아니라, 같은 땅에 살았던 사람들의 삶의 이야기를 조근조근 들려주어 자연스레 책을 펼쳐볼 수 있게 했다. 이로써 멀게만 느껴졌던 인문학과 독서대중의 간극을 좁히고자 했다.

한국문화를 전혀 모르는 사람들에게나, 어렴풋이 알고 있다고 생각하지만 선입관에 사로잡힌 사람들에게, 또 좀더 깊이 알고자 하지만 길을 찾지 못하는 사람들에게 '키워드 한국문화'는 좋은 안내자가 될 것이다. 한국이 어떤 나라인지 묻는 외국의 벗에게 이 책 한 권을 건넴으로써 대답을 대신할 수 있을 것이다. 책이 한 권 한 권 간행될수록 한국문화의 특징과 아름다움이 더욱 선명히 모습을 드러내리라 믿는다. 책으로 만든 '한국문화 특별전시관'의 완공을 손꼽아 기다린다.

키워드 한국문화 기획위원

김문식, 박철상, 신수정, 안대회, 정병설

키워드 한국문화 15
신사임당

초판 인쇄 2017년 2월 14일
초판 발행 2017년 2월 21일

지은이 이숙인
펴낸이 염현숙

책임편집 구민정 | 편집 이현미
디자인 신선아 이주영 | 마케팅 이연실 김도윤 양서연
홍보 김희숙 김상만 이천희 | 제작 강신은 김동욱 임현식 | 제작처 한영문화사

펴낸곳 (주)문학동네
출판등록 1993년 10월 22일 제406-2003-000045호
주소 10881 경기도 파주시 회동길 210
전자우편 editor@munhak.com | 대표전화 031)955-8888 | 팩스 031)955-8855
문의전화 031)955-2696(마케팅), 031)955-2671(편집)
문학동네카페 http://cafe.naver.com/mhdn | 트위터 @munhakdongne

ISBN 978-89-546-4429-7 04900
978-89-546-0990-6 04900 (세트)

* 이 도서의 국립중앙도서관 출판시도서목록(CIP)은 e-CIP홈페이지(http://www.nl.go.kr/ecip)와
국가자료공동목록시스템(http://www.nl.go.kr/kolisnet)에서 이용하실 수 있습니다.
(CIP제어번호: CIP2017001408)

www.munhak.com